STARGATE

Les carnets du Dr Jackson

STARGATE

Les carnets du Dr Jackson

Dictionnaire des mythologies

C.M. DUTKIEWICZ

3ème édition

ISBN 978-2-490951-15-4, 3ème édition

Originaire de Normandie, C.M. est passionnée de mythologie et aime étudier son influence sur la société moderne.

Sommaire

Introduction

Qui était Apophis* ? Pourquoi Isis et Osiris ont-ils été condamnés ensemble ? Quelle est l'histoire de Thor ? D'où vient l'Arche de Vérité ?

En bref, qui n'a jamais voulu avoir toutes les connaissances de Daniel Jackson, docteur en archéologie et égyptologie ?

Ce dictionnaire, 100% Fan-Made, répond à toutes ces questions et bien plus encore en abordant les différentes mythologies rencontrées dans l'univers de La Porte des Etoiles. Un court résumé du personnage dans l'univers nous permet de faire le parallèle avec le personnage mythologique choisi.

En espérant que cet ouvrage réponde à toutes les questions que vous vous posez sur la mythologie abordée dans cet univers très riche.

Inclus un guide des épisodes de la série phare avec les éléments mythologiques.

* Les termes en gras ont une entrée dans cet ouvrage.

Dictionnaire des mythologies

Mythologie égyptienne

Abydos • Alexandrie • Amon • Amonet • Anubis • Apophis • Bastet • Gizeh • Harcesis / Horsaïsis • Hathor • Héliopolis • Heru'us / Horus • Imotep • Ishta / Istar / Astarté • Isis • Nerfertum • Osiris • Qadesh / Quetesh • Râ / Rê • Sekhmet • Seth • Sobek • Sokar • Thot

Abydos

Abydos (en grec) = Abdjou (ancien égyptien) : ville de la Haute-Egypte.
Ville édifiée aux portes du désert.
Présence de nombreuses tombes royales, entourées de tombes plus petites (membres de la famille royale et des courtisans).
Le prestige d'Abydos venait du fait qu'elle était devenue la cité d'Osiris, cité de pèlerinage du culte d'Osiris : sa tête y était conservée.

Alexandrie

Ville édifiée à partir de -330 par Dinacratès à la demande d'Alexandre Le Grand. Une chaussée reliait la ville à l'Ile de Pharos sur laquelle fut construite la tour permettant de signaler aux navires la présence du port à proximité ; ce qui donna son nom à cette structure/fonction : Phare. Ces ports (un de chaque côté de la chaussée) sont devenus l'entrepôt de l'Egypte ainsi que la plaque tournante du trafic entre la Méditerranée et la Grèce, d'une part, et de l'Inde, l'Afrique et l'Arabie par la Mer Rouge d'autre part.
La ville devient la capitale de l'Egypte (avec la dynastie de Ptolémée) et construit de nombreux monuments : le Soma (monument où était conservé le corps d'Alexandre Le Grand), le musée, la bibliothèque[1], le Sérapeum (Temple de Sérapis, forme divine née tardivement d'un amalgame entre Osiris et Zeus), le théâtre, le grand marché et le temple d'Isis.
Jusqu'en -30 où elle est intégrée à l'empire romain, Alexandrie est la capitale de l'Egypte mais aussi la capitale intellectuelle du monde antique, créant les modes et régnant sur les arts. Elle conserve son prestige jusqu'au Ve siècle, moment où le christianisme est imposé par la violence et est à l'origine de nombreuses destructions. L'invasion arabe en 641 lui portera le coup fatal.

1 Il s'agit du plus célèbre monument construit par les grecs visant à abriter des livres, aménagé par Ptolémée Ier pour les savants qu'il entretenait. Ils y réunirent plus de 800 000 volumes.
Incendiée ou pillée à plusieurs reprises, la Bibliothèque, monument du savoir antique, a entièrement disparue (de même que la bibliothèque de Pergame, sa « rivale », où les Atlantes avaient également rassemblé un grand nombre de livre, copiés, pour la plupart, sur parchemins).

Amon

Il s'agit du dieu qui fut le plus longtemps vénéré en Egypte.
A l'origine, petit dieu (du vent et des bateliers) de Thèbes, il prend peu à peu de l'importante, jusqu'à supplanté Montou en tant que dieu protecteur de Thèbes. Il devient par la suite patron de la monarchie où son culte se développe autour du temple de Karnak.
Amonèth constitue le double féminin d'Amon. Khonsou (forme divine locale) leur est associé en tant que fils.
L'oie et le bélier sont les animaux représentant Amon.
On lui ajouta un caractère solaire sous la forme d'Amon-Ra.
Sous la forme d'Amenemopê, il se rend chaque année au temple de Louqsor pour s'unir à la déesse Ipèt durant la saison de l'inondation.
Les serpents primordiaux Irto et Kematf sont ses premières créations au moment où il fit surgir l'univers du néant.

Amonèth

Forme féminine associée au dieu Amon, figurée sous l'aspect d'une femme portant la couronne rouge (présentée comme la mère du roi défunt dans les textes funéraires).
Associée à Ipêt, elle habitait le temple de Louqsor.

Anubis

Fils issu de l'inceste entre Osiris et Nephthys, ce qui provoque la jalousie de Seth. Anubis est représenté comme un homme avec une tête de canidé (le chacal majoritairement).
Il aide Isis à redonner vie à Osiris (son père), ce qui fit de lui le maître des embaumeurs, gardien des nécropoles et vivificateur des défunts. Il facilite l'ascension du mort vers les régions célestes et protège son enveloppe matérielle.
Il est responsable de la durée de vie des défunts : en assurant la préservation du cadavre, il empêche la destruction de l'enveloppe corporelle synonyme de mort définitive.

Apophis

Dieu du chaos primordial, représenté par un serpent, cherchant à anéantir l'œuvre divin.
Il est le symbole (sous forme de serpent) du pire des dangers mettant la création en péril.
Il se manifeste aux heures critiques de la nuit pour tenter de faire chavirer la barque du soleil. Chaque matin et chaque soir, lorsqu'il est blessé par Râ, son sang empourpre le ciel.
Il est souvent représenté ligoté ou transpercé d'un couteau, procédé permettant d'annihiler ses pouvoirs. Il n'est cependant jamais détruit car son existence même est liée à l'univers qu'il menace (opposition du bien et du mal mais l'équilibre est conservé pour conserver le monde).
Il s'agit de l'une des deux grandes puissances maléfiques de l'Egypte antique ; la seconde étant Seth, avec qui il est parfois associé.

Bastet

Bastet apparait sous la forme d'une chatte ou d'une lionne. Elle est représentée plus tard avec la tête d'une chatte sur le corps d'une femme.
Elle est considérée comme l'œil ou la fille du soleil et est la forme clémente de la déesse dangereuse. Déesse musicienne de la joie, elle est aussi patronne du foyer.

Gizeh

Il s'agit du lieu où se situent les trois grandes pyramides en Egypte. Ces pyramides se nomment Chéops (ou Khéops), Chéphren (ou Khéphen) et Mykérinos. Elles servent de tombeaux à trois grands pharaons.
Le site est complété d'autres petites pyramides ainsi que du célèbre sphinx.
La configuration du lieu soulève de nombreuses questions et des hypothèses concernant sa fonction échauffent les esprits (possible corrélation avec la constellation d'Orion, horloge planétaire…).

Harcésis / Horsaïsis

(Horsaîsis, qui signifie Horus, fils d'Isis). Il s'agit de la forme juvénile d'Horus, soulignant ses liens avec sa mère (la déesse Isis). Parmi les différents aspects d'Horus, Harsaïsis est celui qui assume les fonctions d'héritier d'Osiris et du trône d'Egypte.

Hathor

Déesse de l'amour et de la joie, elle est représentée par une femme à tête de vache ou d'une femme coiffée de corne de vache entre lesquelles figure l'astre solaire. Considérée comme la fille de Râ (et parfois sa femme), elle peut apparaitre sous l'aspect d'une Déesse Dangereuse, d'œil du soleil ou d'une redoutable lionne.
Dame du Sunaï en raison de son rôle de protection, elle veille sur les expéditions de carriers qui s'y rendent pour extraire la turquoise.
Elle est la patronne de la musique et incarne l'éros, qui permet le renouvellement de toutes les formes de vie (végétale, animale, humaine et divine). Sous la forme d'une vache, elle accueille les défunts dans l'autre monde et les protège avant de les engendrer dans l'univers de l'invisible.
Tous les ans ; elle rejoint Horus pour que leur noce garantisse la fertilité du pays. Leur union engendre Ihi (jeune dieu musicien, représenté dans la nudité de l'enfance. Il facilite le voyage du mort dans les textes funéraires) ou Harsomtous (une forme juvénile d'Horus).

Héliopolis

Iounou en égyptien (« cité du pilier » / « ville du soleil »).
Râ en était la divinité tutélaire, il s'y incarnait dans le phénix et dans le taureau Mnévis.
La ville joue un rôle spirituel important au Moyenne et Nouvel Empire. Les spéculations des prêtres de Râ créent la grande Ennéade (les neuf grands dieux de l'Egypte : Râ, Shou, Tefnout, Geb, Nout, Osiris, Isis, Seth et Nephthys) et une

cosmogonie qui donnait à Héliopolis un rôle de première place dans l'histoire religieuse de l'Egypte.

La ville déclina à la basse époque et était en ruine au moment de la conquête romaine. Des obélisques y demeurèrent, il semblerait que celui se trouvant à Rome, sur la place du Peuple, proviendrait d'Héliopolis.

Horus – Heru'ur

Horus a plusieurs noms en fonction de l'époque de la vie et de ce qu'il peut représenter :

- Harpocrate (Horus enfant) ⊠ Horus a besoin de sa mère pour grandir et vivre. Un jour qu'il se fait piquer par un scorpion, Isis le soigne grâce à la magie. Il peut être représenté comme vainqueur des animaux venimeux, debout sur un crocodile sur les stèles des guérisseuses (alors associé au dieu Shed). Héritier d'Osiris, il incarne la permanence de la fonction monarchique. L'image d'Isis l'allaitant assis sur ses genoux deviendra l'iconographie de la Vierge à l'Enfant.
- Harsomtous (Horus qui réunit les deux Terres) ⊠ forme d'Horus enfant, soulignant sa fonction royale.
- Hornedjitef (Horus qui prend soin de son père)
- Harsaïsis (Horus, fils d'Isis) ⊠ il assume les fonctions d'héritier d'Osiris et du trône d'Egypte.
- Haroëris (Horus l'ancien / le grand) ⊠ c'est un grand dieu céleste se manifestant dans un faucon. C'est le principal représentant des aspects solaires d'Horus (par opposition aux formes jeunes).

En tant qu'Horus, il est l'expression majeure de la divinité solaire. Il est le seigneur du ciel. Horus est figuré avec une tête de faucon.

L'Horus adulte, à l'apogée de son rayonnement est l'expression du divin en pleine possessions de ses moyens (guerriers et sexuels).

L'Horus adolescent réclame l'héritage d'Osiris qu'il ne pourra obtenir qu'en combattant Seth pour devenir adulte et avoir son héritage suite au procès divin.

Le jeune dieu est celui qui rassemble les forces divines essentielles et le maintien de la vie. Lorsque cet équilibre est rétabli, Osiris trouve sa place définitive en devenant le souverain de l'au-delà.

Horus est le prototype des rois terrestres (les monarques sont considérés comme Horus parmi les Hommes). A leur mort, ils deviennent / sont destinées

à devenir un Osiris tandis que leurs fils deviennent les nouveaux Horus en accédant au trône.
Avec son «éternel » adversaire Seth, ils constituent un couple inséparable lorsqu'il s'agit de lutter contre les ennemis de l'Egypte.

Imhotep

Architecte et médecin du roi Djésea, il fut à l'origine du complexe funéraire de son souverain, premier monument entièrement en pierre construit en Egypte.
Il est traditionnellement l'inventeur de la science médicale, il est divinisé à l'époque tardive et est considéré comme le fils de Ptah.
Il devient un dieu à part entière et pas seulement l'objet d'une simple déification.
Il est représenté sous l'aspect d'un scribe, un rouleau de papyrus déroulé sur les genoux. Il est coiffé de la calotte du dieu Ptah.

■ Mythologie de Ptah :

Dieu créateur, seigneur de la ville de Memphis.
Assossié à Sekhmèt (déesse lionne, sa femme), et Nefertoum (leur fils), il est considéré comme le patron des artisans.
En tant que dieu créateur, il engendre le monde en le concevant dans son cœur avant de le réaliser par le verbe.
Il peut parfois être associé à Shou dans ses fonctions d'exausseur du ciel.

Ishta / Ishtar / Astarté

■ Mythologie égyptienne

Déesse du Proche-Orient, adorée sous la forme d'Astarté en Phénicie.
Son culte a été introduit en Egypte au Nouvel Empire.
Entité guerrière, elle est également vénérée pour son rôle de guérisseuse.
Elle fut considérée comme la fille de Râ ou de Ptat, elle devient, tardivement, une épouse d'Horus.

■ Mythologie mésopotamienne

Cf. Astarté

Isis

Fille de Geb et Nout, sœur et femme d'Osiris, mère d'Horus. Elle est aussi la sœur de Seth et Nephthys.
Elle est représentée sous les traits d'une femme portant le hiéroglyphe permettant d'écrire son nom sur sa tête.
Avec Osiris, elle aide à répandre la civilisation sur l'Egypte (héritage d'Osiris de la part de Geb) dont elle donna la musique.
Lorsqu'Osiris fut tué par Seth, elle retrouva son corps et son sarcophage. Un jour qu'elle s'en éloigna, Seth retrouva le corps et le dépeça en quatorze morceaux. Isis les rechercha et les trouva avec l'aide de sa sœur (et femme de Seth) Nephthys. Elles enveloppèrent le corps de bandelettes (créant ainsi la première momie). Puis Isis, en battant des ailes, lui redonna suffisamment de vie pour lui permettre d'engendrer Horus (bien que le phallus d'Osiris n'ayant pas été retrouvé car mangé par un poisson). Isis élève Horus caché dans les papyrus et l'aide avec sa magie et son intelligence à combattre Seth pour reprendre le trône d'Egypte dont il est l'héritier légitime.
Isis, en tant que première magicienne en est la quintessence, elle peut rendre la vie tout comme provoquer la mort. C'est d'ailleurs de cette façon qu'elle force

Râ à lui révéler son nom car il n'y a qu'elle qui puisse le guérir de la blessure mortelle reçue d'un serpent (qu'elle a créé à partir de terre et de salive de Râ).
Dans certaines traditions, Horus décapite sa mère (symbolisant ainsi que passage à l'âge adulte) et une tête de vache lui est donnée pour remplacer celle qu'elle a perdue. Elle peut être alors associée à Hathor, chacune représentant une facette de la Femme : Hathor étant la dame de l'amour, déesse de la fécondité de la joie et de la féminité triomphante et Isis étant l'idéal « social » de bonne épouse, mère dévouée et veuve inconsolable.
A l'époque romaine, son culte et celui d'Osiris en fait la mère universelle dans le bassin méditerranéen. La représentation d'Isis donnant le sein à Horus assis sur ses genoux inspire l'image des premières Vierges allaitantes de l'Egypte chrétienne.

Nefertum

Nefertum, la fleur de lotus bleu de Ra / que respire Ra, est le fils de Ptah et Sekhmet.
Il est le symbole de la renaissance (lotus).
Il peut être incarné sous forme de lion, surtout lorsqu'il fait office de protecteur des frontières de l'est.

Osiris

Fils de Geb et de Nout, il épouse sa sœur Isis. Il reçut en héritage l'Egypte à laquelle ils apportèrent la civilisation (son frère Seth et sa sœur Nephthys reçurent le désert). La relation incestueuse d'Osiris et de Nephthys donna naissance à Anubis.
Jaloux (de l'héritage qu'il reçut ou de la relation qu'il a eue avec Nephthys), Seth tua Osiris. Il le conviât à un banquet et promit d'offrir à celui qui rentrerait parfaitement dedans un magnifique sarcophage. Lorsqu'Osiris s'y allongea, le couvercle fut scellé et Seth lança le sarcophage dans le fleuve où Osiris se noya. Isis retrouva son sarcophage et le cacha dans les marais du Delta. Un jour qu'elle s'en éloigna, Seth le découvrit et dépeçât Osiris dont il dissémina les morceaux (quatorze) dans le pays. Avec l'aide de sa sœur Nephthys, Isis retrouva les morceaux (à l'exception du phallus qui fut mangé par un poisson).

Elles assemblèrent son corps et le couvrit de bandelettes (en faisant ainsi la première momie) et Isis, en battant des ailes, lui redonna suffisamment de vie (en faisant ainsi le premier mort ressuscité) pour lui permettre de la féconder et de donner naissance à Horus (qui devient alors l'héritier légitime du trône d'Egypte). Osiris devient à partir de cet instant le seigneur du monde souterrain, contenant les germes de la vie et protecteur des défunts.
En tant qu'entité perpétuellement renaissante, Osiris est associé au soleil nocturne qui retrouve son énergie en traversant le Douat durant les heures de la nuit. La revitalisation du corps d'Osiris est associée à la crue traversant le pays et permettant sa renaissance (principe nourricier).
Osiris est aussi une divinité royale, prototype du souverain idéal (au même titre qu'Isis est l'idéal féminin au sein de la société).

Qadesh / Quetesh

Qadesh est une déesse syrienne qui a été implantée en Egypte par des prisonniers asiatiques (au Nouvel Empire).
Elle est représentée de face, nue, debout sur un lion passant. Elle tient souvent des serpents ou des plantes dans ses mains.
Sa protection est invoquée contre les animaux venimeux.
Elle peut être parfois associée à Hathor.

Râ / Rê

Dieu soleil représenté avec une tête de faucon coiffé du disque solaire.
Vénéré à l'origine à Héliopolis, son importance fût telle que son culte se propagea à travers le pays, parfois sous des formes différentes.
En tant que source de vie, il est associé à Atoum, repoussant le chaos par la lumière (Shou) et la chaleur (Tefnout) incarnant son rayonnement (et ses enfants)[2].

2– Shou et Tefnou donnèrent naissance à Geb et Nout étroitement enlacés. Sur l'ordre de Râ, Shou (le père) les sépara, créant ainsi un espace entre le ciel (Nout) et la Terre (Geb).
A leur tour, Nout et Geb donnèrent naissance à deux paires de jumeaux : Isis (première magicienne) et Osiris (dieu fécondateur) qui s'unissent dans le ventre de leur mère, puis Seth (dieu du mal) et Nephtys (la Dame du Château). La relation incestueuse entre Nephtys et Osiris donna naissance à Anubis (divinité funéraire, gardien du Nécropole).

Râ traverse le ciel tout au long de la journée dans une barque (chaque instant de la journée lui confère un nom différents : Khépri à l'aube, Horakhty à midi, Atpum (sa forme primordiale) au crépuscule). La nuit, Râ transite par le monde inférieur/souterrain (sous la forme de Iouf) et celui-ci est gouverné par Osiris ; faisant d'eux des « ennemis » se poursuivant perpétuellement)[3].
Lorsque le dieu vieillit, Isis fabriqua un serpent à partir de la terre et de la salive de Râ. Lorsque celui-ci fût piqué, Isis lui dit qu'elle peut le guérir à condition qu'il lui révèle son nom véritable. Il accepta et perdit ainsi une partir de son pouvoir. Sa faiblesse provoqua une rébellion parmi les hommes et Râ quitta la Terre (pour la région céleste). Ce départ marque la séparation définitive entre le monde terrestre et le monde divin.

Sekhmèt

Déesse de Memphis, compagne de Ptah et mère de Néfertoum (triade du cycle mensuel du monde). Son nom signifie la « Puissance » et elle est le plus souvent représentée sous l'aspect d'une lionne.
En tant que Déesse Dangereuse, elle est la redoutable vigueur du soleil. Cette agressivité est l'aspect protecteur de ses fonctions érotiques et maternelles.
Dans le mythe de la Vache du Ciel, Râ transforme la personnalité d'Hathor (sa fille) en saluant sa puissance, donnant ainsi son nom à Sekhmèt. L'ardeur dévastatrice (de la puissance) ne peut être conjuguée qu'en lui restituant ses qualités de génitrice potentielle.
Elle est particulièrement crainte avant le retour de l'inondation (crue du Nil) car elle est susceptible de répandre la mort et les maladies (par ses émissaires) parmi les humains. Elle peut aussi soigner et est ainsi la patronne des médecins (ses prêtres connaissaient l'art de guérir).

Seth

Fils de Geb et Nout, il est le frère d'Osiris, Isis et Nephthys dont il est l'époux.
Il est représenté comme un canidé à queue fourchue et aux oreilles coupées.

3- matin et soir, Râ se transformait en chat pour triompher du serpent Apophis, incarnation du mal, qui s'acharnait en vain à tenter d'interrompre sa course.

Lorsque Geb se retire, il partage son royaume entre Osiris (qui reçut l'Egypte) et Seth (qui reçut les étendus du désert). Jaloux[4], Seth tua Osiris puis le dépeça pour gouverner sur l'Egypte. Lorsque qu'Horus (fils d'Isis et d'Osiris ressuscité) fût en âge de régner, il réclame le trône d'Egypte qu'il obtient après maints combats et par décision divine.
Seth représente l'élément perturbateur, le maître des orages.
Présenté comme le rival d'Horus, il est aussi son complément. C'est un défenseur du soleil, repoussant les cohortes du chaos, opposant à Apophis.
Dans le conflit qui l'oppose à Horus, son agressivité est indispensable à la conservation du monde.

Sobek

Dieu des eaux et de la fertilité, il se manifeste dans le crocodile.
Il est le fils de Neith et de Senouy, il n'a pas d'enfant. Tardivement, un de ses sanctuaires est associé à l'un d'Hathor.
Il finit par être considéré comme un combattant des ennemis de l'ordre divin et devient un dieu primordial.

Sokar

Dieu du monde nocturne et souterrain, Sokar symbolise la mort.
Il fait parti du cycle annuel de vie : Ptah – Sokar – Osiris (naissance – mort – renaissance / création – métamorphose – renaissance).
Il est figuré sous la forme d'un faucon momifié. Il est le garant des transformations nocturnes du mort mais aussi du soleil.
Une embarcation particulière lui fut attribuée : la barque hénou, dont la proue est à son effigie. Servant à conduire les morts vers les contrées célestes, cet esquif peut être présenté comme une forme d'Hathor et devenir symboliquement l'épouse du dieu.

4– la jalousie de Seth a aussi pu être causée par la relation incestueuse entre Nephthys et Osiris donnant naissance à Anubis.

Thot

Thot est le gardien de la lune et l'artisan de sa reconstruction. En tant que responsable de la lune, il est aussi celui qui remplace Ra (le soleil) lorsque celui-ci est absent.

Il est aussi le responsable du temps, celui qui dispense les années éternelles aux défunts et permis à Nout d'accoucher en rajoutant cinq jours à l'année.

Particulièrement vénéré à Hermopolis, où il est dieu démurge, il se sera sur le tard assimilé à Hermès.

Mythologie mésopotamienne/ babylonienne

Astarté / Ishtar • Ba'al / Belus • Babylon • Ishkur • Marduk • Moloc • Mot • Oannes / Anou • Omoroca / Tiamat

Astarté / Ishtar

Déesse de la fécondité et divinité guerrière et guérisseuse.
Elle est représentée à cheval ou debout sur un char.
Il s'agit de la principale déesse du panthéon akkadien.
En tant que déesse de l'amour, elle est l'amante, la sœur, l'épouse et la mère de plusieurs dieux.
Déesse tutélaire de plusieurs cités-états (qu'elle protège de leurs ennemis), elle est souvent représentée remettant au souverain un sceptre, le trône ainsi que les insignes de la royauté.
Elle peut être représentée en tant que déesse de la fertilité (nue et tenant ses seins) ou en tant que déesse guerrière (vêtue d'une longue robe et dotée de symboles guerriers).
Son union annuelle avec Dumuzi (dieu de l'irrigation, des cultures et des champs qui reverdissent au printemps et souverain du royaume des morts) garantit la fertilité des champs et l'abondance des récoltes.

■ Mythologie égyptienne

Cf. Ishtar .

Ba'al / Belus

Baâl (ou Belus) est le nom générique sémitique signifiant Maître.
Dieu de l'orage chez les Cananéens, il est représenté sous la forme d'un taureau.
Il peut être assimilé à Hadad, le dieu de la végétation et de l'orage.
Baal doit combattre Yamm (dieu de la mer, comparable à Tiamat), préféré du dieu suprême El. Sa victoire lui assure la suprématie (sur Yamm et El). Sa souveraineté est contestée par Môt (dieu de la mort et de l'au-delà). Môt tue Baâl et toute vie disparait sur Terre. La déesse Anat (assimilable à Astarté / Ishtar) retrouve son corps et le ramène à la vie. Baâl combat Môt et en sort vainqueur.
On constate une alternance de souveraineté entre un dieu hivernal (monde d'en bas) et un dieu estival (monde d'en haut)
Des festivités annuelles étaient organisées en l'honneur de Baâl et de son union avec Anat.

Babylon

Ville de Mésopotamie dont le dieu tutélaire est Marduk durant le dernier millénaire (avec J.C.) ; il s'agit de la période la mieux connue par les vestiges et certains évènements relatés dans la Bible.
Dans la mythologie chrétienne, il s'agit de la ville de la Tour de Babel (correspondant à l'Etemenanki), tour que les hommes ont construit pour atteindre Dieu et que celui-ci punis en détruisant la tour et en donnant à chaque groupe d'homme une langue différente.
Les ethnies ayant occupées la ville/région, furent les Sumériens, les Akkadiens et les Amorites (pour les plus dominantes).
La présence de plusieurs temples dédiés à plusieurs dieux nous renseigne sur l'importance de la ville : Marduk (grand dieu de Babylon, à l'origine de la « véritable création », c'est-à-dire, la création après celle des dieux), Ninurta (dieu de la guerre) et Ishtar.

Ishkur

Ishkur, chez les Sumériens, est l'équivalent d'Hadad chez les Cananéens et de Adad chez les Phéniciens.
C'est le dieu de la foudre et de l'ouragan, mais aussi le souverain des dieux (il est l'équivalent de Zeus chez les grecques).

Marduk

Il est le grand dieu de Babylon.
Il est le fils d'Ea et de Damkina et père de Nabou.
Il devient le grand dieu de Babylon suite au combat des dieux. Les jeunes dieux veulent se débarrasser du couple vieillissant (Apsou et Tiamat). Ea se charge d'Apsou et Marduk de Tiamat. Il envoie sur Tiamat la meute des vents qui s'engouffre dans sa bouche et lui gonfle le ventre que Marduk transperce avec sa lance. Du corps de Tiamat coupé en deux se dégagent les eaux célestes et les eaux terrestres (début de la véritable création).

Marduk façonne le monde et pacifie les dieux (en attribuant une fonction à chacun). Il rée les étoiles, les portes du Ciel, le Soleil et la Lune. Il incite Ea à créer l'homme avec le sang impure de Kingou (d'où l'imperfection de l'homme).

Moloch

En Phénicie, Moloch est un terme générique qui signifie « le roi ». Cette appellation peut, aussi, être utilisée pour désigner les dieux.
Divinité Cananéenne, mentionnée dans la Bible en relation avec des sacrifices d'enfants.

Mot

Dieu cananéen de la sècheresse, de la famine et de la mort.
Son nom (Mot) signifie « la Mort ».
Il a pour adversaire Baal (dieu fécondant) à qui il dispute le pouvoir. Il tue Baal lors d'un combat (instaurant la famine sur terre) mais celui-ci est ramené à la vie par la déesse Anat et Mot se fait tuer par Baal lors du second combat (ensemencement de la terre).

Oannes / Anou

Dieu du ciel, il dispose de l'armée des constellations.
Il est l'époux d'Antoum et le père de nombreux dieux dont Enlil, qui prendra peu à peu sa place au sommet de la hiérarchie divine.
Avec Ea et Enlil, il participe au combat des dieux qui a pour but d'éliminer la mère originelle : Tiamat.
Oannes est un dieu qui aime peu les hommes.
Une tiare garnie de cornes le symbolise.
Plus tard, il est assimilé à Jupiter (Zeus).

Omoroca / Tiamat

Tiamat est l'épouse d'Apsou, ils représentent l'Océan primordial et mêlent leurs eaux. D'eux naissaient deux couples successifs de dieux. Puis arrivent les dieux puissants, Anu, Ea et Enlil, qui déclenchent la guerre des dieux pour se débarrasser d'eux. Pour se défendre, Tiamat engendre seule onze monstres et se choisis un chef de guerre. Seul Marduk a le courage de la combattre. Il lance les vents contre elle et lorsqu'elle est gonflée, il la transperce avec sa lance, créant ainsi les eaux d'en haut (le ciel) et les eaux d'en bas (la mer).
Selon certaines sources, Tiamat et Omoroca seraient la même divinité, mais dans des régions différentes.

Mythologie gréco-romaine

Achille • Amazones • Aphrodite • Arès • Argos • Athéna • Atlantis / Atlantide • Cassandra / Cassandre • Cassiopée • Cérès / Déméter • Clio • Cronos • Dédalus / Dédale • Egéria / Egérie • Erebus / Erèbe • Grace • Hadès • Héra • Icarus / Icare • Janus • Latona / Anciens / Lantian • Morphée • Némésis • Nox / Nyx • Odyssée • Orphée • Pandore / Boite de Pandore • Pégasus / Pégase • Pélops • Poséidon • Prométhée • Tantale • Tartare • Typhon • Zeus

Achille

Achille est le fils du roi Pelée et de la nymphe Thétis. C'est le principal héros de l'Iliade qui raconte la guerre de Troie.
Sachant que son fils pouvait avoir un destin terrible, Thétis tenta de le rendre immortel en le plongeant dans le Styx, seul son talon ne fut pas immergé par Thétis le tenait par celui-ci.
On offrit le choix de sa destinée à Achille : avoir une vie longue mais ennuyeuse ou avoir une vie courte et être un héros. Achille choisit d'être un héros.
Pour le protéger, Thétis l'envoya se cacher parmi les femmes à la cour du roi Lycomède dans l'île de Scyros où il fut appelé Pyrrha. Durant son séjour, Achille séduit la fille du roi : Déiclamie. Il eut un fils : Néoptolème (appelé aussi Pyrrhus). Les grecs, ayant besoin de la présence d'Achille pour vaincre les troyens, démasquèrent Achille en lui présentant des étoffes dans lesquelles étaient dissimulées des armes et Achille ne s'intéressa qu'aux armes.
Le bon ami d'Achille fut Patrocle. Lorsque Patrocle fut tué par Hector, Achille entra dans une rage noire et tua Hector à son tour. Lorsque les Amazones vinrent en aide aux troyens, Achille tua leur reine (Penthésilée) dont il tomba amoureux.
Achille fut tué par Pâris dont la flèche fut guidée par Apollon dans son talon (son seul point faible) (Achille avait tué Ténès roi de l'ile de Ténédos, fils d'Apollon).

■ Expression

« talon d'Achille » : désigne le défaut principal d'une personne ou d'une chose.

■ Anatomie

le talon d'Achille est la réunion des tendons des muscles jumeaux et soléaires au-dessus du talon.

Amazones

Peuple de femmes guerrières, elles seraient les filles d'Arès (dieu de la guerre) et d'Arthémis (déesse de la virginité et de la force féminine) ou de la nymphe Harmonie.
Elles combattent à cheval, tirent à l'arc et lancent le javelot.

La légende veut qu'elles se coupent le sein droit pour pouvoir mieux tirer à l'arc (amazone signifiant « sans sein »).
Une fois par an, elles rejoignaient la montagne et s'unissaient aux hommes. Les garçons nés de cet union étaient soit réduits en esclavage (et émasculés) soit renvoyés dans la montagne.
Elles se battent contre de nombreux héros (un des travaux d'Héraclès est de prendre la ceinture de la reine des Amazones : Hippolyte ; qu'il finit par tuer pour obtenir la ceinture qui avait été offerte par Arès).
Durant la guerre de Troie, elles prennent le parti des Troyens et leur reine (Penthésilée) est tuée par Achille (qui tombera amoureux d'elle).

Aphrodite

Déesse de l'amour, de la « luxure » et de la fécondité.
Son ascendance est incertaine, elle serait soit la fille de Zeus et de Dioné, soit la fille d'Ouranos qui serait sortie de la mer (naquit dans l'écume) après que Cronos ait tranché et jeté à la mer les organes sexuels d'Ouranos.
Aphrodite était mariée à Héphaïstos mais ne lui était pas fidèle. Aphrodite et Arès étaient amants. Un jour, Hélios (le soleil) révéla à Héphaïstos cette histoire et celui-ci fabriqua un filet et tandis un piège aux amants. Lorsqu'ils se retrouvèrent emprisonnés dans le filet, Héphaïstos appela les autres dieux et ils se moquèrent d'eux. C'est Poséidon qui propose une réconciliation entre Aphrodite et Héphaïstos.
Aphrodite à de nombreux amants (dieux ou non) et plusieurs enfants :

- Avec Arès (dieu de la guerre) : Deimos (la Terreur), Phobos (la Crainte), Harmonie et Eros (l'Amour, c'est-à-dire Cupidon)
- Avec Dionysos : Priade (divinité phallique)
- Avec Poséidon : Eryx

Hermès la séduit mais elle le repousse. Il va alors demander l'aide de Zeus dont l'aigle vole la sandale d'Aphrodite et pour que celle-ci la récupère, elle doit se soumettre à Hermès. De cette union naquit Hermaphrodite (de nature à la fois masculine et féminine).
Lors des noces de Thélis et Pelée, Eris (la Discorde) lança une pomme (par vengence pour ne pas avoir été invitée) sur laquelle est écrit : « A la plus belle ». Héra, Athéna et Aphrodite se disputent le titre. Zeus charge Pâris de les départager. Chacune promet un présent au jeune homme qui choisit celui d'Aphrodite : l'amour de la plus belle des femmes. Ce qui est à l'origine de la guerre de Troie.

Aphrodite aida d'autres mortels mais punissait aussi dieux et mortels (la femme de Minos qui s'accouple avec un taureau et donne naissance au minotaure par exemple).
Aphrodite est associée à Vénus chez les Romains.

Arès

Dieu de la guerre, il est associé à Mars chez les Romains.
C'est le seul fils légitime de Zeus et Héra. Il figure parmi les douze Olympiens.
Arès n'a pas d'épouse mais de nombreuses maitresses. L'une d'elles est Aphrodite.
Aphrodite (la femme d'Héphaïstos) donna trois enfants à Arès : Harmonie ainsi que les jumeaux Phobos (la Crainte) et Deimos (la Terreur).
Hélios (le Soleil), qui espionnait Arès et Aphrodite, informa Héphaïstos de ce qu'ils faisaient. Héphaïstos créa un filet dans sa forge qu'il suspendit au-dessus de son lit et dit à Aphrodite qu'il partait en voyage. Lorsque les deux amants se retrouvèrent dans le lit, Héphaïstos fit tomber le filet dont ni Arès ni Aphrodite ne parvint à s'extirper. Héphaïstos appela les autres dieux et se moquèrent d'eux (les déesses ne désirant pas assister à cette humiliation).
Arès est un dieu de la guerre belliqueux, son ennemi (notamment sur les champs de bataille) est Athéna (déesse de la stratégie et du vrai courage au combat) qui l'emporte sur lui.

■ Langue :

Dans le domaine militaire, de nombreux termes proviennent de Mars :

- Champs de Mars : terrains réservés aux exercices militaires
- Travaux, jeux de mars : la guerre
- Le métier de Mars : le métier des armes
- Les plaines de Mars : les champs de batailles

L'adjectif « martial » est un dérivé de Mars :

- Une allure martiale : une attitude décidée, voire guerrière
- La cour martiale : tribunal militaire
- La loi martiale : loi militaire appliquée aux civiles (lorsque l'armée prend le contrôle d'un pays notamment).

Argos

Il s'agit du bateau que Jason utilisa pour aller à la recherche de la toison d'or. Cinquante rameurs étaient nécessaires pour le faire bouger, ce bateau avait la faculté de prévoir l'avenir.
Lorsque son voyage fut terminé, l'Argos devint une constellation.

Athéna

Fille de Zeus, elle fait partie des douze olympiens.
Elle sortit du crâne (ou de la cuisse) de son père lorsqu'Héphaïstos le fendit d'un coup de hache. Elle était déjà adulte et portait les armes pour la bataille.
Athéna est souvent représentée en armure, équipée d'un casque, d'un bouclier rond et d'une lance. Son animal est la chouette. Sur son bouclier est peint (ou épinglé) la tête de Méduse que Percée lui ramena.
Athéna est la déesse de la guerre, des arts et de plusieurs professions.
Athéna resta vierge mais contrairement à Artémis, ne fuyait pas les hommes.
Elle est la patronne de nombreuses villes, dont notamment Athènes, qu'elle se disputa avec Poséidon mais les athéniens préférèrent le cadeau d'Athéna (un olivier) plutôt que celui de Poséidon (une source d'eau saumâtre). A Athènes, Poséidon est vénéré juste après Athéna.
Athéna est aussi la protectrice de plusieurs héros (Persée, Bellerophon, Héraclès, Jason, Diomède et Ulysse).
Athéna fut associée à Minerve par les romains.

Atlantis – Atlantide

Pays situé au-delà des colonnes d'Hercule (détroit de Gibraltar), ce pays donne son nom à l'océan (Atlantide).
Ses habitants sont appelés les Atlantes.
Les dieux firent don à Poséidon de l'Atlantide où il tomba amoureux de Clito (ou bien de Clio, une muse), qui lui donna cinq paires de jumeaux dont l'aîné régna sur Atlantide.
Une citadelle puissamment fortifiée y fut construite.

Les Atlantes étaient doués dans l'art de travailler le métal, l'or s'y trouvait en abondance, ainsi qu'un métal précieux inconnu ailleurs : l'oricalque. La faune et la flore y étaient abondantes et merveilleuses.
Les Atlantes disputèrent à Athènes sa suprématie du monde. Ils partirent en guerre contre eux et furent vaincus. Pour les punir de leur immoralité, l'Atlantide fut engloutie par la mer.
Platon est le premier à nous raconter ce pays légendaire (dans Timée et Critios).

■ Histoire

Des études archéologiques récentes, il semblerait que l'Atlantide soit l'île de Santorin (île grecque) qui était appelée Akrotinis avant que celle-ci soit partiellement engloutit suite à une éruption volcanique importante (Akrotinis fut englouti sous plus de 20 mètres de cendre). A la même période, à Roussolakos (en Crête) subit un tsunami. Des preuves du Tsunamis ont été retrouvées sur la côte d'Israël. Ces trois évènements ne semblent en être qu'un seul.
Le mythe de l'Atlantide peut aussi faire référence à une suite de territoires engloutis (mémoire collective des Hommes) et qui représente ce qui a été perdu par les Hommes.

Cassandre – Cassandra

Cassandre est la fille de Priam (roi de Troie) et de sa femme Hécube. C'est la plus jolie fille de Priam. Lorsqu'Apollon la voit, il en tombe amoureux et la courtise, notamment en lui donnant le don de prophétie. Mais elle se refuse à lui et il la maudit en lui crachant dans la bouche : tout ce qu'elle dira sera vrai mais personne ne la croira.
Lorsqu'elle rencontre Pâris, elle sait tout le malheur qu'il provoquera en kidnappant Hélène, ce qui provoquera la guerre de Troie car c'est là qu'ils se réfugieront.
Cassandre devine aussi le piège du cheval mais personne ne la croit.
Lors de la bataille de la prise de Troie, elle se réfugie dans le temple d'Athéna où Ajax l'attrape et la viole devant la statue d'Athéna qui détourne les yeux d'horreur. Pour ce sacrilège, la déesse fait périr de nombreux grecs sur le chemin du retour (dont Ajax). De plus, le peuple d'Ajax devra lui payer tribut pendant mille ans.
Cassandre fait partie de la prise de guerre d'Agamemnon. Elle lui annonce que tout deux mourront s'ils vont chez lui et il refuse de la croire. A leur arrivée à

Mycènes, Cassandre est tuée par Clytemnestre (femme d'Agamemnon) pendant que lui est égorgé par l'amant de Clytemnestre.

■ Art ▮

Dans l'art (littérature notamment), le nom cassandre est attaché à / désigne des personnes ayant le don de prophétie.

Cassiopée

Cassiopée est la fille d'Arabos (fils d'Hermès), la femme de Céphée et la mère d'Andromède.
Cassiopée estimait que sa fille était plus belle que les néréides. Celles-ci allèrent se plaindre à Poséidon qui envoya un serpent pour les venger. L'oracle de Zeus estima qu'Andromède devait être livrée au serpent et elle fut enchainée au rocher. Persée se débarrassa du serpent en brandissant la tête de méduse et le transforma en pierre.
Suite à l'accord passé avec le Roi Céphée, Persée épousa Andromède.
A la mort d'Andromède, celle-ci, son mari, ses parents et le serpent furent placés parmi les étoiles.

Cérès – Déméter

■ Mythologie de Cérès :

Déesse romaine de l'agriculture, elle est initialement vénérée avec Tellus (déesse de la Terre) mais elle sera assimilée à Déméter par la suite et le culte de Déméter lui sera appliqué.

■ Mythologie de Déméter :

Grande déesse maternelle de la Terre et divinité de fécondité.
Elle fait partie des six enfants de Cronos et Rhéa ainsi que des douze grands dieux olympiens.
Elle eut une fille avec Zeus : Perséphone.
Un jour que Perséphone ramassait des fleurs en Sicile, Hadès l'aperçut et l'enleva sur son chariot pour l'emporter dans son royaume (les enfers).

Lorsque Déméter apprit la disparition de sa fille, elle erra sur Terre à sa recherche. Elle fut conduite à Hélios qui lui raconta ce qui s'était passé. De désespoir, Déméter frappa la terre de sécheresse et plus particulièrement la Sicile qui n'avait pas protégé sa fille. Elle arpenta la terre sous diverse forme. Lorsque son frère, Poséidon, l'aperçut, il voulut la violer mais elle s'enfuit sous la forme d'une jument, Poséidon se changea en cheval (son animal sacré) et put la rattraper et s'unit à elle sous cette forme. De cette union naquit Areion (un cheval) et la déesse Despoina. Lors de son errance sur terre, elle gratifiait de bienfaits les gens accueillant et châtiait les inhospitalier.
Lors de son passage à Eleusis, la reine l'accueillit et devant son hospitalité, Déméter proposa d'élever le nouveau-né de la reine (Démophon). Déméter tenta de le rendre immortel et lorsque la reine l'apprit, elle cria, Déméter révéla son identité et demanda à ce qu'un temple soit élevé dans lequel Céléos (le roi) devait accomplir de nouveaux rituels en son honneur et les garder secrets : les Mystères d'Eleusis.
Après une année passée dans le temple, Zeus envoya Iris (personnification de l'arc-en-ciel, messagère des dieux) à Déméter car la terre était toujours sèche. Déméter demanda que sa fille lui soit rendue. Zeus accepta à condition que Perséphone n'ait pas consommé de nourriture des enfers. Hermès fut envoyé chercher Perséphone qui fut rendu à Déméter. Malheureusement, Perséphone avait mangé quelques grains de grenade. Ne voulant pas condamner les hommes à la famine éternelle, il fut décidé que Perséphone resterait sur terre avec sa mère une partie de l'année et passerait le reste auprès de son mari aux enfers.
(A l'origine, Perséphone passait l'été aux enfers et revenait sur terre pendant les semailles à l'automne jusqu'aux moissons en été où elle retournait aux enfers. Une version plus récente fait de Perséphone une déesse de l'été qui ne rejoint son mari que l'hiver).
Lorsque Tantale invita les dieux à sa table et leur servit son fils Pélops en ragout, Déméter est la seule qui en mange et lorsqu'il est rendu à la vie, elle lui fait don d'une épaule en ivoire pour remplacer celle qu'elle a mangé.

Clio

Clio est une muse (fille de Zeus et Mnémosyné (la mémoire) et plus particulièrement la muse de l'Histoire.
Les muses sont les déesses des arts nobles, de la musique et de la littérature qui s'étendent plus tard à certaines sciences (histoire, astronomie). Elles sont popularisées par les poètes qui leur attribuaient leur inspiration.

Cronos

■ Mythologie de Cronos :

Fils d'Ouranos (le ciel) et de Gaïa (la terre), c'est un titan qui prit pour épouse sa sœur titanide Rhéa. Il était le roi des Titans.
Gaïa vint se plaindre auprès de Cronos des mauvais traitements que lui inflige Ouramos en empoisonnant ses enfants. Elle donne à Cronos une faucille en silex pour qu'il aille défier son père.
Avec la faucille, Cronos trancha le phallus d'Ouranos et le jeta. De son sang naquit les Erinyes, les géants et les nymphes.
Cronos régna à la place de son père mais craignant, lui aussi, de subir le même sort, il mangea tous ses enfants au moment où Rhéa les mit au monde. Elle ne réussit qu'à sauver Zeus, en le remplaçant par une pierre langée à la place.
Zeus fut élevé en secrets par les nymphes, il épousa l'Océanide Métés qu'il persuade de donner à Cronos un vomitif pour lui faire restituer ses cinq autres enfants. Ainsi, Zeus, aidé de Hestia, Déméter, Héra, Hadès et Poséidon, menèrent une guerre contre leur père qu'ils réussirent à vaincre. Zeus prit sa place et l'envoya dans le tartare où les Hécatonchires furent chargés de le garder.
Cronos est associé à Saturne chez les Romains.

■ Mythologie Chronos :

Dieu du temps, représenté comme un vieillard armé d'une faux.

Dédalus – Dédale

Artisan d'Athènes mythique, son nom signifie « ingénieux ».
Il fut le meilleur sculpteur et peintre d'Athènes ainsi qu'un fabuleux ingénieur. Sa sœur lui confia son fils, Perdrix, pour qu'il lui enseigne ce qu'il sait. Perdrix se révéla plus doué que Dédale (la légende veut que Perdrix inventa la scie, le compas de géomètre ainsi que la tour de potier). Par jalousie, Dédale poussa Perdrix du haut d'une tour. Le voyant tomber, Athéna le transforma en perdrix. Pour ce crime, Dédale fut condamné à l'exil et il se réfugia en Crête.
A la demande du roi Minor (roi de Crête), Dédale réalisa de nombreux ouvrages.
Afin de plaire à la reine Pasiphaé, Dédale lui construisit un simulacre de vache dans lequel elle put se cacher afin d'assouvir sa passion pour un taureau. Le Minotaure naquit de cette union (être moitié homme et moitié taureau). Minos demanda à Dédale de construire un labyrinthe afin de cacher le Minotaure. Le labyrinthe fut construit de telle sorte que personne ne puisse en sortir.
Lorsque Thésée vint en Crête, Dédale fabriqua le fil qu'il donna à Ariane pour que celle-ci puisse aider Thésée à tuer le Minotaure et à sortir du labyrinthe.
Furieux, Minor enferma Dédale et son fils, Icare, dans le labyrinthe. Pour s'en échapper, Dédale fabriqua deux paires d'ailes avec des plumes et de la cire en indiquant à Icare de ne pas voler trop haut (la cire risquant de fondre) ni trop bas (l'embrun alourdissant les plumes). Ils réussirent à s'échapper, mais Icare, grisé, vola trop haut et le soleil fit fondre la cire, ce qui le précipita dans la mer où il mourut.
Dédale se réfugia en Sicile où il fut bien accueilli par Cocalos.
Lorsque Minor découvrit où se trouvait Dédale, il voulut s'en emparer. Mais la forteresse de Cocalos, construite par Dédale, était imprenable. Cocalos invita Minor et lui fit prendre un bain. Grâce au système de plomberie construit par Dédale, Minor mourut ébouillanté par de l'eau chaude.

■ Langue :

- Un dédale : lieu où il est difficile de trouver son chemin (peut s'appliquer pour les textes de loi aussi par exemple).
- Un fil d'Ariane : série d'observation et de déductions qui, en remontant le cours d'un évènement jusqu'à sa cause initiale, apporte l'explication et la solution du problème.

Egéria – Egérie

Il s'agit d'une nymphe (ou naïade) romaine.
Le second roi (mythique) de Rome (Numa Pompilus), réputé pour sa sagesse, l'épouse ou fit d'elle sa maitresse, et tenait compte de ses conseils.
A la mort du roi, inconsolable, Egérie se réfugie dans les bois pour pleurer. Pour apaiser sa peine, Diane la transforme en source.
A Rome, elle fut vénérée comme la déesse présidant les naissances.

■ Langue :

- Une égérie est une femme qui sait conseiller et diriger tout en restant dans l'ombre mais dont les avis sont écoutés
- Une égérie est une personnification, un emblème d'une pensée…

Erebus – Erèbe

Erèbe signifie « ténèbres ».
Fils du Chaos (vide primordial), il s'unit à la sœur Nyx (la nuit) qui engendre Aether (le ciel supérieur), Héména (le jour) et Charon (le passeur des enfers).
Erèbe se rapporte plus à un lieu, les ténèbres infernales, qu'à une divinité.

Grace

Les Grâces, parfois appelées Charites, sont les filles de Zeus et d'Eurynomé (fille d'Océan et Thétys). Elles sont généralement au nombre de trois et personnifient la beauté, l'amitié et la douceur, ou bien la beauté, le charme et la joie. Elles se nomment Aglaé (éclat, éclatante), Euphrosyne (sérénité) et Thalie (florissante).
Les Grâces sont les compagnes des Muses, d'Aphrodite, d'Apollon et de Dionysos.
Elles sont nommées Gratiae par les Romains.

Hadès

Fils de Cronos et Rhéa, il reçoit l'intérieur des terres, le royaume des ombres, lors du partage du monde avec Zeus et Poséidon.
Il a pour femme Perséphone qu'il enleva de sur la terre (Cf. Cérès / Déméter).
Hadès est le gardien de son royaume (Enfer) dont nul ne peut partir et où chacun est soumis à sa loi. Hermès, le messager des dieux, est le seul à pouvoir effectuer le voyage sans devoir payer un tribut pour sortir.
Hadès est associé à Pluton chez les Romains.

Héra

Fille de Cronos et Rhéa, elle est avalée à la naissance par son père avec ses frères et sœurs (Hadès, Poséidon, Déméter, Hestia), à l'exception de Zeus qui est échangé contre une pierre. À l'âge adulte, Zeus oblige Cronos à recracher ses enfants ; ceux-ci se battent contre lui pour obtenir le pouvoir.
Héra devient la femme de Zeus (elle est la déesse des déesses) et lui donne plusieurs enfants (Arès, Ilithyie et Hébé) et conçoit Héphaïstos toute seule. À son tour, Zeus fait naitre Athéna de sa tête. De jalousie, Héra enfante Thyphon et en fait le pire ennemi de Zeus.
Héra est la patronne du mariage et de la fidélité ; elle châtie les infidèles, en commençant par les conquêtes de son mari et ses enfants.
Plusieurs hommes tentèrent de la conquérir (violer) et chacun fut châtiés (par Zeus ou Artémis).
Héra est associée à Junon chez les Romains.

Icarus – Icare

Fils de Dédale, il est emprisonné avec lui dans le Labyrinthe du Minotaure par Minos lorsque celui-ci découvre que Dédale a aidé Thésée à tuer le minotaure et à s'échapper.
Sachant qu'il est impossible de sortir du Labyrinthe de manière tradition-nelle sans aide, Dédale fabrique des ailes avec des plumes et de la cire

pour pouvoir s'échapper en volant. Dédale conseille à Icare de ne pas voler trop bas pour ne pas que les embruns n'alourdissent les plumes ni trop haut pour ne pas que la cire fonde.
Icare et Dédale parviennent à s'échapper en volant jusqu'à atteindre la mer qui sépare la Grèce de l'Asie Mineure. Plein de joie, Icare se laisse emporter et vole trop près du soleil, ce qui fait fondre la cire et Icare est précipité dans la mer qui depuis porte son nom. Dédale atterrit sur l'île où est rejeté le corps d'Icare et lui donne le nom d'Icaria où il l'inhume.

Janus

Dieu (romain) des commencements, des portes et des fenêtres. Il est représenté avec deux visages, chacun regardant d'un côté (passé/futur ; hiver/été...). Il est le garant du cours de l'année, tout ce qui commence le concerne (premier mois de l'année, premier jour du mois, le début de chaque heure et du début de la vie).
Son temple se trouvait sur le forum de Rome, que les soldats empruntaient avant de partir en guerre, c'est pourquoi les portes du temple étaient toujours ouvertes en temps de guerre et toujours fermées en temps de paix.
Sa femme était Camisé et leur fils Tibérius (qui donna son nom au Tibre en se noyant dedans).

Latona / Anciens / Lantian

■ Mythologie

Latona (ou Léto pour les Grecs)
Titanide, fille de Coeos et Phoebé.
Zeus s'unit à Léto et celle-ci est enceinte de jumeaux. Héra, jalouse que Zeus en aime une autre, déclare que Léto ne pourra pas accoucher sur la terre et interdit à tous les pays de l'accueillir. Au terme de sa grossesse, Léto errre sur Terre afin de trouver un endroit où enfanter. Zeus, aidé de Poséidon, l'accompagne sur une île flottante : l'île de Délos. Pendant neuf jours, Léto subit les douleurs

de l'enfantement jusqu'à ce qu'Iris (déesse des arcs-en-ciel, messagère des dieux vers la Terre et les Hommes) parvienne à corrompre Ilithie (déesse des accouchements) pour que celle-ci vienne aider Léto à enfanter, bien qu'Héra lui ait interdit. Léto parvient alors à mettre au monde Apollon et Arthémis, les jumeaux archers.
Suite à cette naissance, Poséidon fixa l'île grâce à un pilier et elle devint sacrée.

■ Histoire / Archéologie

L'Homme de Lantian, vieux de 600 000 ans, est actuellement le plus vieil hominidé retrouvé en Chine. Il est de l'espèce Homo erectus.

Morphée

Morphée est le fils d'Hypnos (le Sommeil) ; c'est une divinité des rêves qui apparait aux rêveurs sous la forme d'êtres humains.
Son nom est dérivé de « morphé » (forme) et signifie « celui qui transforme ».

■ Expression :

« Être dans les bras de Morphée » : sombrer dans un sommeil agréable ou aller aux pays des rêves.

Némésis

C'est la fille de la déesse Nyx (déesse de la nuit), elle est la déesse de la juste vengeance (la vengeance divine). Elle châtie les crimes et punit les amants cruels.
Convoité par Zeus, elle lui échappe en se métamorphosant plusieurs fois. Sous la forme d'une oie, Zeus la retrouve et se transforme en cygne et s'unit à elle. Sous sa forme d'oie, Némésis pond un œuf duquel naît Hélène (qui sera à l'origine de la guerre de Troie).
Némésis peut aussi être considérée comme la protectrice de la pudeur.

Nox / Nyx

Nox (chez les romains) ou Nyx (chez les Grecs) est la personnification de la Nuit. Elle est née du néant primordial et engendre, seule, les personnifications les plus puissantes et lugubres : Thanatos (la mort), Hypnos (le Sommeil), Moros (le Sort), Némésis (la Vengeance), Eris (la Discorde), Géras (la vieillesse), les Trois Moires, et bien d'autres encore.
Elle eut avec son frère l'Érèbe : Héméra (le Jour) et l'Aether.
Lorsque Zeus voulut chasser Hypnos de l'Olympe, Nyx protégea son fils et Zeus se soumis.

Odyssée

L'Odyssée raconte le voyage du retour d'Ulysse après la Guerre de Troie (qui est racontée dans l'Iliade).
Ulysse est le roi d'Ithaque, fils de Laënte et d'Anticlée. C'est le mari de Pénélope et le père de Télémaque.
Ulysse, en tant que grec, fut contraint de partir en guerre contre les troyens pour récupérer Hélène et la rendre à Ménélas.
C'est Ulysse qui donne l'idée de construire un grand cheval de bois et de l'offrir aux troyens, c'est une ruse car les grecs sont cachés dans le cheval et à la nuit tombée, le cheval ayant été rentré dans la ville durant la journée, les grecs en sortent et massacrent les troyens.
L'Odyssée raconte le voyage du retour d'Ulysse, qui dure dix ans.
Un orage le pousse vers l'île du cyclope Polyphène (fils de Poséidon). Le cyclope tue la moitié des compagnons d'Ulysse. Ulysse l'enivre et arrive à lui percer l'œil avec un pieu chauffé dans le feu. Le lendemain, Ulysse et ses compagnons restant s'échappent en s'accrochant sous les moutons du cyclope et rejoignent leur bateau. De colère, Poséidon les détourne de leur route mais il ne peut pas les tuer car Ulysse est sous la protection d'Athéna. Ils arrivent à Éolia, l'île du dieu Éole (dieu des vents). Éole donne une outre dans laquelle tous les vents sont enfermés, sauf le vent d'ouest, pour lui permettre de rentrer chez lui. En route sur le bateau, pendant qu'Ulysse dort, l'équipage ouvre l'outre pensant qu'elle contient de l'or. La tempête est telle que le bateau est ramené à Éolia. Mais Éole les détourne de l'île pensant qu'Ulysse est maudit par les dieux. Le bateau finit par atteindre l'île d'Aeaea où demeure Circée. Circée transforme en cochons les compagnons

d'Ulysse qui se sont aventurés sur l'île. Ulysse fut le seul à ne pas être transformé car il détient une herbe qu'Hermès lui a donnée et qui protège des pouvoirs de Circée. Ulysse parvient à obtenir de Circée qu'elle redonne forme humaine à l'équipage contre une année à passer avec elle. Lors de son séjour chez Circée, celle-ci donne des conseils à Ulysse. Il devait aller jusqu'au bout de l'océan pour rencontrer les ombres des morts et notamment celle du devin Tirésias ; le plus précieux conseil est de ne pas toucher aux troupeaux d'Hélios sinon, il ne pourrait jamais rentrer chez lui.
Ulysse reprend la mer. Lorsqu'ils arrivent à proximité de l'île des sirènes, Ulysse bouchent les oreilles de l'équipage avec de la cire et est lui-même attaché au mât, ce qui leur permet de passer sans périr.
Ils sont contraints de faire escale sur l'île de Thrinacie à cause des vents. Désobéissant à l'ordre d'Ulysse, l'équipage mange des bêtes du troupeau d'Hélios. Quand les vents leur permettent de reprendre la mer, une grande tempête détruit tout l'équipage à l'exception d'Ulysse. Lors de son naufrage, Ulysse atterrit sur l'île d'Ogygie, demeure de ma belle Océanide Calypso. Celle-ci veut faire d'Ulysse son époux et le rendre immortel. Ulysse reste sept années au cours desquelles il pleure sa femme et sa patrie. Emus, les dieux demandent à Calypso d'aider Ulysse à rentrer chez lui en lui construisant un radeau. Ulysse put quitter l'île d'Ogygie mais une tempête déclenchée par Poséidon fait chavirer son radeau et Ulysse atterrit sur l'île de Schéria où habitent les Phéaciens. Un bateau phéacien le ramène de nuit à Ithaque.
Ulysse apprend que pendant son absence, de nombreux prétendant à Pénélope se sont installés dans le palais. Pénélope est contrainte de choisir un (nouveau) mari car son stratagème pour retarder ce choix a été découvert (elle avait dit qu'elle ferai son choix lorsque la tapisserie serait finie et chaque nuit elle défaisait ce qu'elle tissait le jour). Ulysse remporte le défi lancé par Pénélope et put retrouver sa femme et sa place. Il massacra tous les prétendants de Pénélope.

Orphée

Fils de la muse Calliope, il est dévoué à Dionysos.
Orphée était un musicien merveilleux, lorsqu'il jouait de la lyre, les hommes s'apaisaient et les animaux le suivaient. Il parvint à dépasser les sirènes en jouant et permit aux Argonautes de terminer leur voyage.

Orphée épousa une naïade (ou une dryade) : Eurydice, qu'il aimait profondément. Un jour, Eurydice fut poursuivie des ardeurs d'Aristée et lorsqu'elle s'enfuit, elle se fit mordre par un serpent et mourut immédiatement.
Inconsolable, Orphée descendit aux Enfers par le Styx, il jouait si bien que Charon et Cerbère le laissèrent passer. Hadès et Perséphone furent attendris et autorisèrent Eurydice à quitter les Enfers à condition qu'Orphée ne se retourne pas avant d'avoir quitté définitivement les Enfers. Juste avant de sortir des Enfers, Orphée se demanda s'il n'avait pas été berné et se retourna, Eurydice disparut aussitôt et Orphée ne put retourner la chercher aux Enfers.
Orphée alla se réfugier dans la forêt et évita la compagnie des femmes. En prenant ombrage, les ménades, qui se disputaient les faveurs d'Orphée, le mirent en pièce.
La tête d'Orphée voyagea par le fleuve et atterrit à Lesbos où les gens de l'île enterrèrent sa tête et en firent un sanctuaire. Les muses rassemblèrent les fragments du corps d'Orphée et l'enterrèrent à Pirée. Sa lyre devint une constellation.

Pandore / Boîte de Pandore

Pandore est la première femme créée par Zeus pour se venger de Prométhée. Elle fut façonnée par Héphaïstos à partir d'argile ; Athéna lui donna la vie ; Aphrodite lui donna la beauté et Hermès lui apprit le mensonge et la fourberie. Pandore fut offerte en mariage à Epimethée (le frère de Prométhée) qui l'accepta (contre l'avis de son frère). Le jour de leur mariage, les dieux offrirent une cassette qui ne devait jamais être ouverte. Mais curieuse, Pandore l'ouvrit et tous les maux se répendirent sur terre. Elle eut juste le temps de la refermer pour garder l'espérance au fond.
Pandore donna une fille à Epimethée : Pyrrha, qui épousa Deucalion et ceux-ci survivront ensemble au déluge.

■ Expression :

« boite de Pandore » : ce qui sous l'apparence de charme et de beauté peut causer beaucoup de souffrance.

Pégasus – Pégase

Pégase est le fils de Poséidon et de la gorgone Méduse. Lorsque Percée trancha la tête de Méduse, Pégase jaillit du sang versé ; il s'agit d'un cheval ailé.
Il est le cheval préféré de Zeus et n'approche pas les hommes ; lorsqu'il donne un coup de sabot sur la terre, une source en jaillit (telle que l'Hippocrène).
Un jour que Pégase s'abreuvait à une source, Béllérophon le captura et réussit à le dompter. Grâce à Pégase, Béllérophon devint « invincible » : il tua la Chimère, combattit les Amazones et en sortit victorieux. Galvanisé par ses victoires, il décida de voler jusqu'à l'Olympe. En prenant ombrage, Zeus envoya un taon qui piqua Pégase, ce qui désarçonna Béllérophon et il erra sur Terre.
Pégase devint une constellation.

Pélops

Pélops est le fils de Tantale et de la déesse Dioné.
Dans sa jeunesse, son père invita les dieux à sa table et leur servit à diner Pélops en ragout. Tous les dieux s'en aperçurent et refusèrent d'en manger, à l'exception de Déméter qui ne s'en aperçut qu'après avoir mangé l'épaule. Pour punir Tantale, les dieux l'envoyèrent aux enfers où il dut subir son supplice (avoir à porter de l'eau et de la nourriture pour étancher sa soif et sa faim mais sans jamais parvenir à les atteindre).
Les dieux rendirent la vie à Pélops qui reçut de la part de Déméter une épaule en ivoire. Ses descendants possèdent ainsi une tache blanche sur l'épaule.
Pélops fut un roi bon et généreux.

Poséidon

Fils de Cronos et Rhéa, il fut avalé par son père à la naissance avec ses frères et sœurs (Hadès, Héra, Déméter, Hestia), à l'exception de Zeus qui est échangé contre une pierre. À l'âge adulte, Zeus oblige Cronos à recracher ses enfants ; ceux-ci se battent contre lui pour obtenir le pouvoir.

Poséidon reçut le royaume de la mer dont il est le dieu suprême et est associé aux tremblements de terre.
Il a pour femme Amphitrite (une Néréide) qui lui donne trois enfants ; mais il a des enfants avec de nombreuses déesses, nymphes et mortelles. Il s'unit à Déméter sous la forme d'un cheval (car elle avait pris la forme d'une jument pour lui échapper).
C'est un dieu colérique et vengeur mais qui peut parfois faire preuve de bienveillance.
Il est représenté avec un trident et a le pouvoir de changer de forme. Il est le maitre des chevaux.
Poséidon est Neptune chez les Romains.

Prométhée

Titan, fils de Japet et de Thémis, son nom signifie « Prévoyant ».
Sachant que Zeus allait mener et gagner la guerre contre les titans, il leur conseilla d'utiliser la ruse mais ceux-ci le méprisèrent. Prométhée rejoignit alors le côté de Zeus.
Prométhée créa les hommes avec de l'argile auxquels Athéna insufflait le souffle de vie. Chaque figurine ainsi créée était présentée à Zeus. Un jour, Prométhée omit d'en présenter une qui était particulièrement réussie et belle : un adolescent du nom de Phaenon (« Eclatant »). De colère, Zeus envoya le garçon au ciel et le transforma en planète : Jupiter.
Voyant que les hommes étaient méchants, Zeus voulu les détruire et créer une meilleure race ; il commença alors à les priver de feu. Puis il voulut les faire mourir de faim en leur demandant de lui offrir en sacrifice la meilleure viande. Prométhée aida les hommes : il prit un gros bœuf, enleva la peau dans laquelle il enveloppa les meilleurs morceaux et recouvrit les os et les entrailles de graisse, ce qui était appétissant. Lors de la rencontre entre les dieux et les hommes, Zeus choisit de prendre la moitié qui était couverte de graisse. Lorsqu'il découvrit la supercherie, Zeus fut très en colère.
Comme Zeus avait privé les hommes de feu, Prométhée vola le feu (soit dans l'Olympe, soit dans la forge d'Héphaïstos) et le ramena aux hommes sur une branche de fenouil. Une nuit, Zeus vit que la Terre était recouverte de brasier et il devina que Prométhée avait aidé les hommes ; il envoya Héphaïstos capturer Prométhée et l'enchaîna à la montagne. Son aigle venait chaque jour dévorer le foie de Prométhée qui se reconstituait chaque nuit. Prométhée demanda à Zeus d'être libéré en échange d'une informa-

tion importante pour Zeus : l'enfant qu'aurait Thétis serait plus puissant que son père. Zeus donna Thétis en mariage à un mortel (Pelée) dont naquit Achille. Héraclès (autre nom d'Hercule), tua l'aigle et brisa les chaines de Prométhée. En récompense, Prométhée dit à Héraclès comment finir ses travaux en envoyant Atlas chercher les pommes des Hespérides pendant que lui-même prendrait sa place en soutenant la voute céleste.
Une autre légende raconte que Zeus créa la première femme (Prométhée n'ayant créé que les hommes) : Pandore, qu'il fit très belle mais qu'il affubla de nombreux défauts. Pandore fut offerte à Epiméthée (le frère de Prométhée) qui l'accepta en mariage malgré l'avertissement de Prométhée.
Prométhée enseigna aux hommes de nombreuses techniques artisanales, dont la métallurgie mais leur retira leur connaissance du futur.

Tantale

Fils de Zeus et de Ploutô, il est le roi de Lydie. Il épouse Dioné (une fille d'Atlas) ou bien Euryanassa (fille du fleuve Pactole) avec qui il eut trois enfants : Pélops, Niobé et Brotéas.
Très bien vu par les dieux, il est autorisé à manger à leur table. Devenu prétentieux, il commet un premier crime en volant de l'Ambroise ou en divulguant certains secrets des dieux. Puis, il invita les dieux à un festin en sa demeure et il leur servi son fils Pélops en ragout. Les dieux en prirent ombrage et le punir en l'envoyant au royaume d'Hadès. Son châtiment fut de connaitre continuellement la faim et la soif : il est plongé dans un fleuve dont le niveau baisse à chaque fois qu'il souhaite y boire et une branche de fruit est suspendue au-dessus de sa tête qui s'éloigne chaque fois qu'il tend la main.

■ Expression :

« c'est un supplice de Tantale » : souffrance de quelqu'un qui ne peut satisfaire ses désirs bien que ceux-ci semblent être à porter de main.

Tartare

Il s'agit du fond des enfers (royaume d'Hadès) où étaient précipités les damnés ainsi que les pires ennemis des dieux. Ils y subissent les châtiments de leurs crimes.
Les titans (dont Cronos) y sont enfermés.

Typhon

Typhon fut engendré par Gaia (ou bien par Héra).
Typhon était doté de cent têtes de dragon qui crachaient du feu. Lorsqu'il eut fini de grandir, il s'attaqua plusieurs fois à Zeus. Il parvint une fois à couper les tendons de Zeus qui ne pouvait plus bouger et les confia à Delphyné (moitié femme, moitié serpent) qui les cacha dans une grotte. Hermès réussit à les trouver et à les ramener à Zeus qui put, ainsi, continuer la lutte contre Typhon.
Durant la lutte infernale de Typhon contre les dieux, ceux-ci, de terreur, s'enfuirent sous la forme d'animaux en Egypte où leurs attributs furent localement assimilés (Typhon fut identifié à Seth, Zeus à Amon (il avait fui sous forme de bélier)).
Zeus parvint à chasser Typhon jusqu'en Italie où il prit une île et la lança sur le montre. Celle-ci devint la Sicile et le souffre des têtes de dragon façonna l'Etna car Typhon ne peut être tué.

Zeus

Zeus est le fils de Cronos et Rhéa. Il est le seul de ses enfants à être sauvé, sa mère l'échange contre une pierre et c'est celle-ci que Cronos avale. Il est élevé en secret par les nymphes dans une grotte à Lyctos.
Devenu adulte, il forma un plan pour délivrer ses frères et sœurs du ventre de leur père. Il convainc titanide Métis de rajouter un ingrédient dans la boisson de Cronos qui s'avéra un vomitif. Cronos recracha ainsi Poséidon, Hadès, Héra, Déméter et Hestia. Les trois frères, aidés des cyclopes et de certains géants, partirent en guerre contre les titans. Au bout de dix années, les titans furent vain-

cus et Zeus les enferma dans le tartare (ainsi que les créateurs qui les avaient aidés). Zeus se réserva le ciel, Poséidon reçu le royaume des mers et Hadès le royaume souterrain. La terre et l'Olympe restèrent des domaines communs.

Zeus eu plusieurs femmes et plusieurs maitresses avec qui il conçut de nombreux enfants (Perséphone de Déméter, les Muses de Mnémosyme, Apollon et Arthémis de Léto, Hermès de Maia pour ne citer qu'eux) et Héra (avec qui il est marié) lui donne Arès, Ilithyie et Hébé. Athéna est sortie de son crâne adulte et armée après qu'il eut avalé l'océanide Métis (sa première femme). Ces femmes ne sont pas toujours heureuses de recevoir les faveurs du dieu qui n'hésite pas à avoir recours à la violence ou à la ruse pour parvenir à ses fins.

Zeus est le seigneur des dieux et fait office d'arbitre en cas de besoin (autant pour les dieux que pour les mortels) et nul ne peut échapper à son verdict.

L'éclair est son arme et les orages passent pour des présages ou des messages du dieu.

Zeus intervient dans de bien nombreux mythes pour pouvoir tous les citer.

Zeus est associé à Jupiter chez les Romains.

Equivalence des noms grecques et romains (Latin) cités dans cet ouvrage

Grecque	→	**Romain**
Artémis	→	Diane
Aphrodite	→	Vénus
Apollon	→	Phébus
Arès	→	Mars
Athéna	→	Minerve
Cronos	→	Saturne
Déméter	→	Cérès
Dionysos	→	Bacchus
Éros	→	Cupidon
Grâces	→	Gratiae
Hébé	→	Juventas
Hécate	→	Trivias
Hadès	→	Pluton
Héphaïstos	→	Vulcain
Héra	→	Junon
Héraclès	→	Hercule
Hermès	→	Mercure
Hestia	→	Vesta
Léto	→	Latona
Nyx	→	Nox
Ouranos	→	Uranus
Perséphone	→	Persépine
Poséidon	→	Neptune
Zeus	→	Jupiter

Mythologie germano-scandinave

Aegir • Asgards • Biliskner • Freyia • Freyrl • Heimdall • Hermod • Kvasir • Loki • Midgard / Mur de Mjrnard • Odin • Othala / Odal • Ragnarok / Crépuscule des Puissants • Thor • Valhalla • Valkyries

Aegir

Aegir est le géant de la mer. Lorsqu'il quitte son île pour se rendre à l'Asgard, les Ases en sont informés et lui préparent une réception où se mêlent illusion et enseignement. Les dieux enseignent à Aegir l'origine des runes, la poésie, la lutte de Loki contre les Ases et la vie que mènent les guerriers dans le Valhalla. Il est l'époux de Ran, la mer ravisseuse, avec qui il a neuf filles qui répandent le savoir que les Ases ont enseigné à Aegir.

Asgards

Asgard signifie « demeure des Aces[5] ».
Ville construite à l'origine sur la Terre et reliée à la terre des Hommes (Midgard) par un pont (arc-en-ciel).
Asgard fut construite par un maitre géant bâtisseur avec la promesse que celle-ci serait protégée de la destruction voulue par les géants des montagnes (ennemis des Ases). En échange, il demande à épouser la déesse Freyia ainsi qu'à obtenir le soleil et la lune. Les Ases acceptent à condition qu'il réussisse la construction en l'espace d'un hiver (six mois). Trois jours avant le début de l'été, il ne restait plus que la porte principale à construire. Les Ases ne souhaitant pas donner la déesse, ni le soleil ni la lune, demandèrent à Loki d'empêcher la fin des travaux. Loki se transforma alors en jument en rut et le cheval du maître bâtisseur la suivie si loin dans la forêt que le maître bâtisseur ne pût le rattraper, ce qui l'empêcha de finir à temps, ce qui le mit dans une colère gigantesque. Les Ases se rendirent compte à cet instant que le maître bâtisseur était un géant des montagnes et appelèrent Thor pour que celui-ci le tue avec son marteau (l'expédiant juste au-dessus du monde de la mort).
Au moment du Crépuscule des Puissants (la fin du monde), le pont reliant Asgard à la Terre sera détruite par Surt et les fils de Muspell.

5– Première grande famille de dieux (dont font notamment partis Thor, Odin et Loki), elle s'oppose aux Vanes avec qui ils finissent par se réconcilier, donnant naissance au géant Kvasir, dont le sang mélangé au miel donna l'hydromel.

Biliskner / Bilskirnir

Signifie l'Étincelante.
Résidence de Thor. Il s'agit de la plus grande construction couverte d'un toit qui soit au monde.

Freyia

Elle est la fille de Niord et la sœur de Freyr ainsi que l'épouse d'Odr.
Elle est avec Frigg, la plus importante de glorieuse des Asses, celle qui apporte la paix et la victoire.
Elle est la déesse que l'on invoque pour être heureux en amour.
Elle possède le collier magique des Brisingar, les quatre nains forgerons qui l'ont fabriqué pour elle.
Triste d'être loin de son époux qui est parti dans de lointaines expéditions, Freyia parcourt le monde dans son char tiré par des chats à sa recherche. Partout où elle passe sa présence est honorée et la moitié des morts survenu sur les champs de bataille qu'elle survole lui revient et est entrainée dans son palais (Sessrumnir).
Freyia prend la forme d'un faucon pour voyager d'un monde à l'autre car elle pratique la magie, connait l'avenir et la destinée des hommes.
Par deux fois des géants veulent épouser Freyia de force et ceux-ci finissent par être tués par Thor.

Freyr

Freyr est à l'origine un Vane mais devient un Ases lorsque les deux familles se réconcilient.
C'est le fils de Niord et de Skadi, c'est le frère de Freyia.
Dieu de la fécondité, il règne sur les éléments (la pluie et l'éclat du soleil).
Un jour qu'il est assis sur le trône d'Odin (qui permet de tout voir), ses yeux se posent sur une géante et il en tombe éperdument amoureux. Il s'agit de Gerd (la terre). Il donne son épée à son serviteur en échange d'un rendez-vous avec Gerd.

Freyr possède un bateau magique (Skidhbladnir) qui permet de transporter tous les Ases avec leur équipement.
Le char de Freyr est tiré par un sanglier magique (Gullinborsti).
Freyr (ou Fro) est le dieu de la navigation pour les Vikings.
Au Crépuscule des Puissants, il luttera contre Surt mais il succombera sous les coups car privé de son épée.

Heimdall

Heimdall signifie : qui éclaire ou fait croître le monde.
Heimdall a un cheval qui s'appelle Gulltopp et habite à Himinbiorg (Château du ciel) qui se situe à l'extrémité du ciel, juste à côté de l'arc-en-ciel qu'il garde contre l'attaque des géants.
Heimdall est le souverain des sanctuaires et c'est le meilleur veilleur au monde (il dort très peu, voit très loin et entend plus que quiconque).
Au moment du Crépuscule des Puissants, Heimdall se sert de sa corne pour avertir les Ases afin que ceux-ci tiennent leur dernière assemblée. Il est celui qui affronte Loki et parvient à le terrasser mais il est lui-même tué durant ce combat.

Hermod – Hermiod

Hermod signifie : le hardi.
Il est le fils d'Odin. Après la mort de son frère Baldr, Hermod se porte volontaire pour aller au royaume de Hel pour lui demander de rendre Baldr aux Ases. Hel accepte à condition que tous les êtres sur terre (hommes, dieux, arbres, animaux, géants...) pleurent sa mort. Tous pleurent la mort de Baldr, à l'exception de la géante Thokk (qui est en fait Loki déguisé et qui était déjà responsable de la mort de Baldr). A cause de Loki, Baldr ne peut pas revenir sur terre et reste emprisonné au royaume de Hel jusqu'au Crépuscule des Puissants.

Kvasir

Kvasir est né du mélange de la salive des dieux (Ases) et des Vanes pour sceller leur union. Lorsqu'il émergea de la cuve où tous avaient craché, il possédait la connaissance, la sagesse et les sciences qu'il enseigna aux Hommes.
C'est lui qui devine où se cache Loki lorsqu'ils atteignent sa cachette.
Il est tué par les nains Galar et Fialar qui mélangèrent son sang dans un chaudron (Odroerir) avec du miel ; ce qui donna l'hydromel. Pour cacher leur crime, les nains dirent aux dieux que Kvasir s'est asphyxié avec sa trop grande intelligence.

Loki

Fils de Laufey et du géant Farbauti (couple du monde primordial), c'est l'époux de Sigyn et le père de Nori. De son accouplement avec la géante Angrboda naissent Fenrir (le loup terrifiant), Iormungand (le serpent de Midgard) et Hel (la déesse de l'Autre-Monde). Parce qu'une prophétie annonce que ces trois créatures anéantiront les Ases, Odin (Alfade) les éloigne des territoires divins en jetant Iormungand dans la mer, en enfermant Hel dans le Niflheim où elle accueille les hommes morts de vieillesse et de maladie. Les Ases élèvent le loup Fenrir chez eux avant de l'attacher à la terre par un lien puissant.
Loki est un dieu beau, qui maitrise le feu et l'air ainsi que l'art de séduire les dieux et les hommes. C'est une divinité « noire » suscitant des obstacles à la marche harmonieuse du monde, il est joueur et rusé. Il se sert de ruse pour provoquer la mort de Baldr, pour laquelle il sera puni mais c'est aussi lui qui offre sa lance à Odin et qui empêche le géant maitre bâtisseur de finir son ouvrage à temps, sauvant Freya du mariage.
Suite à la mort de Baldr, Loki se cache sachant que les Ases veulent le punir. Il se réfugie dans la montagne, se transformant en saumon la journée et rejoignant sa maison la nuit où il fabrique un lien pour tresser un filet. Etant sur son trône, Odin le voit et envoie les Ases. Lorsque Kvasir entre dans la maison, il voit que Loki a jeté le filet au feu et devine ainsi la façon d'attraper Loki qui s'est métamorphosé et caché dans la rivière. Les Ases tressèrent un filet et le jetèrent dans la rivière mais ne parvinrent pas à attraper Loki qui se cacha entre deux rochers. Lorsque le filet fut lancé la deuxième fois avec des lestes, Loki parvint à s'enfuir. Au troisième essai, les Ases draguèrent la rivière tandis que Thor marchait au milieu du courant et attrapa Loki au moment où celui-ci sautait par-dessus le filet (ce qui reste

les trois formes de pêche qui existe encore aujourd'hui en Europe du nord).Les Ases enchaînèrent Loki dans une caverne et suspendirent un serpent au-dessus de lui pour que son venin lui coule sur le visage. Seul sa femme (Sigyn) lui resta fidèle et tient une coquille pour retenir le venin. Mais lorsque celle-ci doit être vidée, le venin coule sur Loki, ce qui le fait trembler ainsi que la terre.
Au Crépuscule des Puissants, Loki se battra avec Hemdall et ils s'entre-tueront.

Midgard / mur de Midgard

Afin de protéger le domaine des Hommes, Odin, Vé et Vili utilisèrent les cils d'Ymir (géante qu'ils venaient de tuer) pour édifier une palissade autour de Midgard.
Midgard désigne ainsi le domaine protégé (la terre des hommes) mais aussi le mur qui l'entoure.
Au centre de Midgard s'élève Asgard, la demeure des Dieux.
Au moment du Crépuscule des Puissants, l'océan submergera la terre ferme et le serpent de Midgard répandra son venin et empoisonnera tout. Dans un dernier combat, Thor tuera le monstre qui crachera sur lui son venin et le fera mourir.
Le serpent de Midgard encercle la Terre et lui donne sa structure. Lorsqu'il sera libéré, plus rien ne retiendra les eaux des océans, ce qui provoquera le chaos.

Odin

Dieu majeur du panthéon scandinave, il est associé à la création. Avec Vili et Vé (ses frères), il crée, à partir du corps de la géante Ymir (qu'ils ont tué) le ciel, la terre, la mer, les montagnes, les fleuves et tout ce qui existe sur terre (arbres, pierres, lacs). A partir de cela, Odin et les dieux organisent le monde.
Odin est le père des dieux (des Ases plus particulièrement) et le père des Hommes (sous la forme d'Alfadr).
Il possède une grande salle dans Asgard d'où il voit tout lorsqu'il est assis sur son trône (Hlidshialf).

Il est le Très Haut, le détenteur des connaissances, de l'art des runes et de la poésie.
Il est Rafnagud, le dieu des corbeaux, à cause de ces corbeaux Hugin (connaissance) et Munir (mémoire) qui parcourent le monde et lui rapportent ce qu'ils y voient.
Lorsque les Vanes tuèrent Mimir (qui possède la connaissance du passé), il conserve sa tête qu'il entoure d'herbes magiques pour pouvoir la consulter.
La moitié des hommes morts aux combats lui reviennent (tandis que l'autre moitié revient à Freya) et sont menés à Valhalla par les Valkyries où ils combattent et mangent le sanglier magique (Sahmrimnir) qui se reconstruit chaque matin.
Sleipnir, son cheval à huit pattes, est né de Loki sous sa forme de jument lorsque celui-ci éloigna le cheval du maître géant bâtisseur d'Asgard (Svadilfoeri). C'est le meilleur et le plus rapide des chevaux, il peut voyager n'importe où, y compris à Helheim (la demeure Hel, déesse des enfers, lieu que personne ne peut quitter car entourée du Gjoll, fleuve infranchissable).
Odin porte l'anneau magique Draupnir (forgé par le nain Eitri, qui laisse tomber toutes les neuf nuits huit anneaux d'or) et la lance Gungnir (lance que Loki offrit à Odin, celle-ci ne peut être ni arrêtée, ni retenue lorsqu'elle est lancée pour frapper un ennemi). Lorsque la lance était lancée sur un champ de bataille, les guerriers allaient bientôt rejoindre Odin (Valhalla).

Othala / Odal

24e rune, Odal signifie/représente les ancêtres.
(Runes : alphabet nordique, littéralement « écriture des dieux »)

Ragnarok / Crépuscule des puissants

Ragnarok, ou le Crépuscule des puissants est la fin du monde tel qu'on le connait. Il s'agit d'une prophétie que le Très-Haut, Odin, révèle.

Les évènements qui vont détruire le monde sont annoncés par le Grand Hiver (un hiver qui dure quatre années). Des guerres et des tempêtes éclatent sur toute la terre, les frères s'entre-tuent et les loups (les revenants) envahissent la terre. Les étoiles disparaissent, un loup avale le soleil et un autre la lune. De terribles tremblements de terre déracinent les arbres et permettent au loup Fenrir de rompre ses chaines. Le serpent de Midgard rejoint Fenrir sur la terre et plus rien n'empêche les eaux des océans de recouvrir la terre. Le serpent répond son venin sur la terre tandis que Fenrir la racle avec sa gueule.
Les Ases sont avertis par Heimdall et ceux-ci tiennent un dernier conseil avant de se lancer dans la bataille. Odin libère ses guerriers et les mène au combat vêtu de son heaume d'or et de sa lance.
Odin attaque Fenrir, Thor combat le serpent, Freyr se bat contre Surt et Heimdall et Loki se battent.
Lorsque le monde est détruit, que les Ases, les hommes et les guerriers sont anéantis, de nombreuses demeures sont encore debout. Une nouvelle terre verte et belle émergera de la mer et sera verte, belle et féconde et produira des fruits sans avoir été cultivée. C'est sur cette terre que vivront les rescapés : six dieux (Vail, Modi, Magni, Baldr, Hodr et Vidar) et deux humains (Lif et Leifthrasir). Ils y retrouveront les tablettes d'or des Ases (leur connaissance) et débuteront un nouveau cycle de vie.

Thor

Thor est le premier fils d'Odin et de Iord (la terre), c'est le dieu de la force et un puissant guerrier ; c'est aussi un dieu de l'orage.
Personne ne peut énumérer tous ses exploits car personne n'est suffisamment instruit.
Thor possède un char tiré par deux boucs : Tanngniost et Tanngrisnir ; il est de ce fait Aka-Thor (Thor conducteur de char), le conducteur du monde et des hommes.
Thor possède trois objets magiques :

- La ceinture de force de Megingiord, qui lui donne sa force d'Ases (force divine)
- Les gants de fer, qui lui servent à manier son marteau (sans eux, il ne peut utiliser son marteau)
- Le marteau Miollnir (Foudre Etincelante), qui provoque la foudre et le tonnerre (lumière), il est utilisé pour chasser les géants et l'obscurité. Il revient toujours à celui qui l'a lancé.

Thor est tellement puissant que le géant Utgardaloki doit utiliser des illusions pour lui faire croire qu'il est plus faible que les géants.
Le marteau de Thor est si puissant que lorsque Loki le récupère après que le géant Thrym lui ait volé, il détruit Thrym ainsi que toute sa maisonnée.
Au Crépuscule des Puissants, Thor sera englouti par le serpent de Midgard.

Valhalla

Il s'agit du palais d'Odin dont les poutres sont faites de lances et les tuiles de boucliers.
La moitié des morts sur un champ de combat est emportée par les Valkyries et amenée à Valhalla (l'autre moitié revient à Freyia). Ces guerriers s'entrainent chaque jour au combat (pour se préparer au crépuscule des puissants), mangent la chair du sanglier Saehrimnir qui se reconstitue chaque jour, boivent l'hydromel du pis de la chèvre Heidrun.

Valkyries

Les Valkyries sont les envoyées d'Odin sur les champs de bataille en tenue de combats (casque en or, revêtues de cuirasse, armées d'une lance et d'un bouclier). Elles désignent les guerriers qui mourront et les conduisent dans la Valhalla où ceux-ci se battent sans blessures et se nourrissent de la chair du sanglier Sachrimnir qui se reconstitue chaque nuit.
Lors du Crépuscule des Puissants, les guerriers du Valhalla se battent aux côtés des Ases.

Mythologie celtique

Camulus – Camulos • Grannus – Grannos • Mahg Mar (Porte de) • Morigane

Camulus – Camulos

C'est un dieu de la guerre, ou bien « champion », il est le « puissant » (assimilable au Mars gallo-romain).
Le radical Kam : « courbe », ferait de lui « le tortueux, le calculateur », un personnage « machiavélique » avant l'heure.

Grannus – Grannos

Grannos est le qualificatif principal de Belenos, dieu de la lumière dispensatrice de bienfaits, mais il peut être aussi le nom d'un dieu à part entière.
Ce nom évoque une fonction de dieu de la Jeunesse, en âge de porter la barbe et les armes.
L'étymologie irlandaise de son nom (grian ⊠ soleil) semble affaiblit par rapport aux éléments gaulois indiquant que Grannos est un dieu adulte, barbu et moustachu. Ce dieu a un aspect lié aux eaux sacrées, au pouvoir guérisseur.
Certains lieux nommés « Grand Font » semble évoquer son ancienne présence.

Mahg Mar (Porte)

Irlande. La « Plaine du Plaisir » ou la « »Grande Plaine » qui désignent l'Autre Monde.

Morrigan / Morigane

Il s'agit de la déesse de l'amour physique et de la mort ainsi que de la fureur guerrière. C'est une des figures fondamentales de la mythologie celtique et principalement irlandaise.
Elle est la corneille des combats. (elle présente des traits communs, dans ses fonctions, à Athéna/Minerve).
On la considère aussi comme une épouse du Dagda (dieu suprême).

Son équipage rutilant, qui est impressionnant, l'associe à la fonction guerrière ainsi qu'au monde des morts. Pendant les batailles, elle se métamorphose lorsqu'on l'invoque en imitant le cri de la corneille.
Ces aspects sont multiples : femme de grande beauté ou vieille sorcière. Elle porte du rouge au combat (couleur dévolue à la fonction guerrière) : son visage, ses sourcils, ses vêtements, son char, ainsi que son cheval (unijambiste) sont rouge.
Poétesse et satiriste, elle prophétise les malheurs à venir qui provoqueront la fin du monde ;
Chaque jour de Samain (1er novembre), la déesse se lave dans la rivière Unius et elle s'y unit à Dagda, lui permettant de la protéger de ses ennemis.
Les crânes des guerriers tués sont appelés « glands de Morrigann ». C'est peut-être pour cette raison que la déesse est aussi nommée Reine des Fantômes ou des Spectres.
Il semblerait que Morigane soit une forme / un modèle ancien de la fée Morgane.

MYTHOLOGIE ARTHURIENNE

Arthur (roi) • Avalon • Camelot •
Chevalier noir • Excalibur • Galaad •
Graal / St Graal • Guenièvre • Merlin •
Mordred • Morgane • Perceval

Arthur (Roi)

Arthur est le fils d'Ygerne de Tintagel et d'Uther Pendragon. C'est grâce à Merlin qu'Uther put rejoindre la couche d'Ygerne sous les trais de son mari le duc de Gorlais.

Arthur a une demi-sœur du nom de Anna (ou Morgadès), femme de Lot, duc d'Orcanie (selon certaines légendes, sa demi-sœur serait la fée Morgane et de cet union naquit Mordred). L'épouse d'Arthur est Guenièvre.

Arthur est le personnage principal de la légende arthurienne et des Chevaliers de la Tables Ronde.

L'exploit qui fait d'Arthur un roi est ses victoires faces aux envahisseurs saxons : les douze grandes batailles qu'il remporte délimitent, à terme, les frontières linguistiques entre le monde anglo-saxons et le monde celte : Cornouailles, Pays de Galles et Ecosse. Arthur incarne la résistance bretonne (celte) face à l'envahisseur (saxon).

Le premier exploit d'Arthur est de retirer l'épée de la pierre (il s'agit parfois de l'épée du gisant de son père). C'est la fée Viviane qui donne à Arthur son épée légendaire : Excalibur (ou Caliburne).

Arthur possède de nombreux objets magiques en plus d'Escalibur : un bouclier (qui peut, entre autre, se transformer en pont ou en navire), une lance, un couteau et son manteau blanc « manipule » le visible et l'invisible.

Arthur réalise de nombreux exploits (tuer des géants, vaincre des dragons, partir en quête d'objets magiques…).

Guenièvre est séduite par Lancelot et s'enfuit de Camelot avec lui. Cette fuite ne durera pas longtemps mais sera à l'origine du déclin du royaume d'Arthur.

Lorsqu'Arthur part combattre l'empereur de Rome, il laisse le royaume en gérance à Mordred (qui est soit son neveu, soit son fils issus de l'union incestueuse entre Arthur et sa demi-sœur). Celui-ci en profite pour séduire (ou maltraiter) la reine et usurper le trône. Lorsqu'Arthur est de retour, celui-ci combat Mordred pour reprendre sa place légitime. Arthur parvient à tuer Mordred mais il est mortellement blessé par celui-ci. La fée Morgane vient le chercher pour le conduire sur l'île d'Avalon où il attendra le moment où il pourra revenir et redonner sa gloire à la Bretagne.

Avalon

Avalon signifie « l'île aux pommes » ou « la pommeraie ». Elle se situerait à proximité immédiate d'Ynis Gutrir (« l'Île de Verre », l'actuel Glastonbury) et serait cachée par les brumes.
C'est le royaume de la fée Morgane.
Lorsqu'Arthur est mortellement blessé par Mordred, la fée Morgane vient et l'emmène sur l'île d'Avalon où il attendra de pouvoir reprendre le royaume de Logres.
L'Île d'Avalon est une île possédant une terre très fertile. Cependant, quiconque mange une pomme en dehors de l'île meurt.

Camelot

Il s'agit de la résidence principale du Roi Arthur et des chevaliers de la Table Ronde.
Camelot serait identifiée à la ville de Camulodunum ou de Cadbury.

Chevalier noir

Le chevalier noir est communément un gardien. Il est identifié à Esclados le Roux, une divinité de la tempête.
Le chevalier noir est le gardien de la fontaine de Barenton. Cette fontaine, dont le socle est une grosse émeraude, est le lieu de résidence de la fée Laudire et peut être interrogée pour connaitre le futur.
Yvain tue le chevalier noir et il devient ainsi le nouveau gardien de la fontaine et l'époux de Laudire.

Escalibur

Escalibur est l'épée légendaire et magique que la Dame du Lac offre à Arthur.

Il existe plusieurs nom pour cette épée : Escalibur ; Excalibur ; Caliburne ; Kaledwlech (ou Caledwlech).
La lame de cette épée aurait été forgée à partir d'une pierre tombée du ciel.
Lorsqu'Arthur la sort de son fourreau et la brandie, des flammes entourent la lame.
Au moment où Arthur est mortellement blessé par Mordred et est emmené par la fée Morgane, Arthur jette son épée dans le lac et une main s'en saisit, la brandie et disparait sous l'eau.

Galaad

Galaad est le fils de Lancelot et d'Elaine (fille du Roi Pelée ou du Roi Pêcheur).
C'est un des chevaliers de la Table Ronde. Il est le seul qui puisse s'assoir sur le siège périlleux (il s'agit de la place laissée vacante lors de la création de la Table Ronde et qui ne peut être occupée que par le meilleur chevalier du monde ; celui qui s'y assoit alors qu'il n'y est pas destiné est foudroyé). C'est lorsque Galaad s'assoit sur le siège que les aventures de la Table Ronde semblent prendre fin.
Selon certaines légendes, c'est Galaad et non Perceval qui trouve le graal. Cependant, cette vision insoutenable provoquera sa mort.
Le nom de Galaad serait soit d'origine biblique (doublement du a) soit d'origine profane (relatif aux Galates, nom donné aux Celtes par les Grecs).

Graal / Saint Graal

A l'origine, le graal est un plat large et peu profond servant à nourrir un grand nombre de personne.
Etymologiquement, le « graal » se rapproche de « gaulois » au sens populaire, c'est-à-dire non latin.
Ce n'est que plus tard, lors de la christianisation du monde anglo-saxons, que le graal devient le Saint Graal, le dernier récipient dans lequel Jésus ait mangé et ayant recueilli son sang.
Le graal peut être associé à deux autres éléments dans la culture celtique traditionnelle : la lance qui saigne et le tailloir d'argent.
La lance peut avoir un lien avec la cruentation (un cadavre saigne lorsque l'auteur de sa mort est à proximité) ou bien une lance dont la pointe est rouillée.

Plus tard, cette lance est associée à la lance du centurion Longin qui perça le flan de Jésus lorsque celui-ci est sur la croix.
Le tailloir d'argent est un plat servant à tailler, c'est-à-dire, découper la viande avant de la servir. Selon une ancienne tradition, la nourriture ne doit jamais être en contact avec le fer (la lance) c'est pourquoi la nourriture doit être déposée dans un plat en argent (tailloir) ou en or (graal).
Selon une première légende, le graal est gardé par le Roi Pêcheur, infirme, qui ne pourrait être guéri que si quelqu'un (en particulier Perceval) l'interroge sur les trois objets ; ce que Perceval ne fait pas (il ne veut pas paraitre curieux ou déplacé) et n'obtient donc pas les objets.
Selon une seconde légende, Perceval trouve le graal mais le perd sur le chemin du retour vers Camelot.
La quête du graal (et plus particulièrement du Saint Graal) n'apparait que tardivement dans la légende arthurienne (la quête du Saint graal en tant que mission principale des chevaliers de la Table Ronde apparait encore plus tardivement, au moment de la fusion en proses des récits en vers et de l'expansion de la christianisation).

Guenièvre

Guenièvre est la fille de Léodagan et l'épouse du roi Arthur.
La forme galloise de son nom est Gwenhyvar.
Guenièvre est aussi la maîtresse de Lancelot, ce qui provoquera la chute du royaume arthurien.
L'on sait peu de chose sur Guenièvre. Elle est surtout une figure symbolique : chez les Celtes, toute souveraineté est féminine. C'est en l'épousant qu'Arthur conquière une légitimité royale.
Lorsque Guenièvre est enlevée par Méléagant pour l'emmener dans le royaume sans retour, cela met en péril le royaume. C'est Lancelot (son amant) qui viendra la libérer, et la remettre à Arthur (il semblerait que la fuite de Lancelot et Guenièvre ait lieu à ce moment-là).
Lorsqu'Arthur part en guerre contre l'empereur de Rome, Mordred s'empare du trône et fait de Guenièvre sa femme (légitimité royale). A la suite du combat entre Mordred et Arthur (et de la mort d'Arthur), Guenièvre se retire dans un couvent (principalement liée à la christianisation de la Bretagne car étant veuve, Guenièvre n'a plus de légitimité sur le trône n'ayant pas donné d'enfant à Arthur).

Merlin

Merlin (ou Myrrdhin) est un personnage central dans la légende arthurienne bien qu'il apparaisse avant que celle-ci n'existe. C'était une divinité ancienne de la mer (Myrrdhin signifiant « celui qui vit sous l'eau ») ou un vieux roi devenu fou et parti vivre dans la forêt.

Dans la légende arthurienne, Merlin est issu d'une vierge chrétienne et d'un incube (démon).

Il est l'investigateur de la légende arthurienne. Il permet à Uther Pendragon, en le métamorphosant en Gorlais (duc de Cornouaille), le mari d'Ygerne de Tintagel, de passer une nuit avec elle, nuit où fut conçu Arthur (à la mort de Gorlais, Ygerne épouse Uther).

Merlin devient le précepteur d'Arthur et est un de ces fidèles conseillés.

D'après la légende, Merlin aurait édifié le site de Stonehenge en hommage aux guerriers bretons morts contre l'envahisseur Saxons (en réalité, Stonehenge est bien plus ancien que la légende arthurienne).

Merlin serait celui qui construisit la Table Ronde. Il donne de nombreux conseils à Arthur et à ses chevaliers pour mener à bien leur quête.

Il enseigne à la fée Viviane (la Dame du Lac[6]) certaines de ses connaissances. Celle-ci, par amour, l'emprisonne dans la pierre d'où Merlin ne sortira jamais.

Dans son tombeau, Merlin allume un feu qui ne s'éteindra qu'à la mort du roi Arthur.

Mordred

Mordred est soit le fils du duc d'Orcane et de la demi-sœur d'Arthur ou bien le fils issus de l'inceste entre Arthur et sa demi-sœur.

Lorsqu'Arthur part combattre l'empereur de Rome, Mordred profite de la situation pour séduire (ou maltraiter) Guenièvre et usurper le trône à Arthur.

Lorsqu'Arthur revient, celui-ci combat Mordred pour reprendre sa place. Lors de ce combat, Mordred est tué par Arthur qui est lui-même mortellement blessé.

6– En tant que Dame du royaume d'Avalon, Morgane peut être assimilée à Viviane, ce qui ferait d'elle une détentrice des connaissances de Merlin et celle qui l'emprisonna dans la pierre.

Morgane la fée / Morgane le Fay

Au même titre que Merlin, Morgane est un personnage important de la légende bien qu'elle semble antérieure à celle-ci. Son nom (Morgane -> mori-gane) signifie « née de la mer », ce qui ferait d'elle une ancienne divinité de la mer ou, sous le nom de Morrigan (mor-rigain) une divinité irlandaise de la guerre.
Dans la légende arthurienne, Morgane est la souveraine d'Avalon. C'est une fée au grand pouvoir (parfois, elle peut être associée à la Dame du Lac, Viviane, élève et geôlière de Merlin). Selon certaines légendes, elle serait aussi la demi-sœur d'Arthur et mère de Mordred (il semblerait que l'union d'Arthur et Morgane serait involontaire de leur part ; il y a très peu d'écrit nous relatant ce passage de la légende).
Elle possède des dons autant de guérisseuse que mortelle. Elle aide autant les chevaliers (en tant que bienfaitrice, elle fournit à Yvain un onguent pour le guérir de sa folie) qu'elle participe au déclin du royaume d'Arthur (c'est elle qui révèle à Arthur la relation adultérine de Lancelot et Guenièvre par jalousie amoureuse de Lancelot, celui-ci l'ayant rejetée en raison de ses sentiments pour Guenièvre).
Lorsqu'Arthur est mortellement blessé par Mordred, Morgane vient le chercher pour le conduire sur l'île d'Avalon en attendant qu'il puisse régner de nouveau sur la Bretagne.
Suite à la christianisation de l'île de Bretagne, Morgane devient l'ennemi d'Arthur, la femme fatale et tentatrice, élève du diable et diabolique elle-même.

Perceval

Perceval est le fils du roi Pellinor. A la mort de son père, sa mère l'élève dans la forêt pour le protéger. Il part à la découverte du monde (probablement après avoir vu passer des chevaliers) et devient chevalier.
Lors de ses aventures, il trouve le graal mais il n'est pas « digne » de le recevoir (il rencontre un pêcheur qui l'invite dans son château où défilent les trois objets sacrés, à savoir le graal, le tailloir et la lance, mais Perceval ne pose pas de question, il ne peut donc pas guérir le Roi Pêcheur et obtenir le graal), ou bien il trouve le graal mais le perd sur le chemin du retour vers Camelot.

Perceval peut être associé au personnage mythique celte Finn.
Le nom de Perceval signifie « celui qui perce le secret du val », ce qui fait de lui l'être prédestiné à percer le mystère du val (ou du graal). Cependant, le nom de Perceval (non celte) se rapproche (tant étymologiquement que mythologiquement) à Percivelle (Sir Percyvell of Gales) en anglais et à Peredur en gallois. En tant que troisième fils d'une fratrie de trois garçons, il est « prédestiné » à trouver les objets sacrés.

Mythologie judéo-chrétienne

1er commandement • Archange Saint Michel • Arche de vérité – Arche d'alliance • Ascension • Chevaliers de l'Apocalypse • David et Goliath • Diable – Satan • Dieu – Satan – Belzébuth • Lazare • Loi du Talion • Salomon

1er commandement

Dans la tradition judéo-chrétienne, Dieu donna à Moïse les Dix Paroles ou Dix Commandements (décalogue) représentant les conditions de l'alliance conclue entre Dieu et le peuple d'Israël.
Dans les livres sacrés, le décalogue est déterminé de la manière suivante :
Introduction : c'est moi le Seigneur, ton Dieu

1. Tu n'auras pas d'autre dieu face à moi
2. Tu ne feras pas d'idole ni rien qui ait la forme de ce qui se trouve au ciel
3. Tu ne prononceras pas le nom de ton Seigneur ton Dieu en vain
4. Que le jour du sabbat on fasse un mémorial en le tenant pour sacré
5. Honore ton père et ta mère
6. Tu ne tueras point
7. Tu ne commettras pas d'adultère
8. Tu ne voleras point
9. Tu ne commettras pas de faux témoignage contre ton prochain
10. Tu ne convoiteras pas le bien ni la femme de ton prochain

Archange St Michel

Sept anges sont supérieurs aux autres, il s'agit des archanges : Michel, Gabriel, Raphaël, Anaël, Samaël, Cassiel et Sachiel.
La tradition populaire leur accorde des pouvoirs et leur donne des rôles rarement mentionnés dans les Ecritures.
L'archange Saint Michel est représenté tenant en respect un dragon au bout de sa lance. Il est le défenseur de l'occident et est un des aspects du Verbe lumineux agissant sur les formes brutes et ténébreuses de la matière (représenté par le dragon). Le dragon n'est pas tué mais tenu en respect car la violence n'est pas la solution, tout peut être maitrisé (sans violence) et harmonisé.

Arche de vérité – Arche d'alliance

L'arche d'alliance est le réceptacle dans lequel le peuple d'Israël commémore l'alliance passée avec Dieu. Il contient le décalogue, des documents officiels ainsi qu'un peu de la manne ayant nourri le peuple dans le désert.
L'arche aurait disparu lors de la destruction du temple de Salomon.
Venant à la suite du déluge, l'arche symbolise aussi la fin d'un temps et le début d'un autre : ce qui a été conservé de l'ancien cycle pour servir de base au nouveau.

Ascension

L'Ascension commémore le départ vers le ciel du Christ en présence de ses apôtres et disciples.
L'Ascension intervient quarante jours après la résurrection du Christ (fêtée le dimanche de Pâques).
Bien que le terme d'Ascension ne concerne que la montée au ciel du Christ, il est à noter que la religion chrétienne reconnait deux autres montées au ciel : celle d'Hénoch (enlevé par Dieu après avoir vécu 365 ans) et celle du prophète Elie (enlevé par un char de feu tiré par des chevaux de feu).

Chevaliers de l'Apocalypse

Leur apparition sur Terre représente le début de l'apocalypse, c'est-à-dire, la fin du monde et le retour du Christ victorieux.
L'Apocalypse représente le retour du Christ qui rétablit la justice sur le monde, récompense les justes et les fidèles et châtie les méchants et les injustes.

Les chevaliers (ou cavaliers) sont au nombre de quatre et surgissent au moment de l'ouverture des quatre premiers sceaux du livre :

- la Conquête, dont le cheval est blanc et ayant pour attribut un arc
- la Guerre, dont le cheval est rouge et ayant pour attribut une épée
- la Famine, dont le cheval est noir et ayant pour attribut une balance
- la Mort, dont le cheval est pâle (ou verdâtre) et ayant pour attribut la faux.

Ils ont le pouvoir de faire mourir les hommes par l'épée, la faim, la mortalité et les bêtes sauvages.

David et Goliath

David, fils de Jessé, né à Bethléem est le roi de la tribu de Juda.
David conquit la ville de Jérusalem et devint le roi de toutes les tributs d'Israël.
Pendant sa lutte contre les Philistins, David abattit le géant Goliath avec une pierre lancée par sa fronde.
Ancêtre de Jésus, il incarne la liberté et la résistance à tous les pouvoirs contraignants.
Son fils, Salomon, lui succéda et agrandit le Royaume et construisit le temple de Jérusalem.

Diable – Satan – Belzébuth

Le diable est le nom générique donné à l'incarnation des forces du mal ; il s'agit de Satan, l'ange déchu, le mauvais génie, le malin et chef des démons.
Le diable est l'ennemi des fidèles qu'il ne cesse de tenter par ses ruses. Il s'agit aussi de l'ennemi de l'humanité qu'il faut combattre à tout prix.
Satan / Belzébuth est représenté avec des ailles (ange déchu), possédant une ceinture de feu et un trident.

Dieu

Dieu est l'être suprême des religions monothéistes, infini et parfait, existant par lui-même, aux capacités universelles qui le rendent omniscient, omnipotent, ayant créé le monde et intemporel.
Dieu est décrit comme infiniment bon mais aussi menaçant et vengeur.
Pour les juifs, Dieu est Yahvé (composé des quatre lettres Yod, Hé, Vav et Hé) ; pour les chrétiens, il s'agit de l'Eternel ; il se nomme Allah pour les musulmans.

Lazare

■ Mythologie : Lazare de Béthanie

Frère de Madeleine ressuscité par le Christ.
Il est le (saint) patron des croque-morts et des fossoyeurs.

■ Mythologie : Lazare le pauvre

Figure populaire du christianisme enseignant que les biens de la terre retiennent les âmes de ceux qui les possèdent.
L'imagerie médiévale représente Lazare (en italien, lazarro signifie mendiant) couché devant la porte d'un riche repu qui festoie tandis que les chiens lèchent ses plaies. Après leur mort, une scène montre l'âme du riche agrippé par des démons tandis que celle du pauvre est emmenée au ciel par les anges.

Loi du Talion

■ Mythologie

La loi du Talion est un des principes les plus anciens (remontant au moins jusqu'à l'ère de Babylon) en matière de jugement pour un crime qui consiste en la réciprocité du crime et de la peine. Elle est traduite populairement par « Œil pour œil, dent pour dent ». Elle évite en principe tout escalade de la violence sans pour autant l'éradiquer.

La loi du Talion est admise dans les principales religions monothéistes (judaïsme, christianisme et islam).
La loi du Talion n'est pas admise en droit moderne occidental (régit par la Convention Européen des Droit de l'Homme, notamment) mais est appliquée dans certains pays appliquant la charia.

Salomon

Roi du grand royaume d'Israël, fils et successeur de David, il est le constructeur du temple de Jérusalem.
Salomon fut réputé pour sa grande sagesse. Le Grand Livre des Cantiques montre son amour de la beauté, de la vie, de ses femmes et concubines.
Il établit en Israël le culte de divinité étrangère, telle qu'Astarté et de Molek.
A sa mort, le royaume d'Israël fut démantelé.
Le seau de Salomon (aussi appelé étoile ou bouclier de David), souvent utilisé comme figure de base dans les talismans, est le symbole du judaïsme.

Autres mythologies

Amaterasu • Chalchiutlicue • Kali • Nirrti – Nirriti • Olokum – Olokun • Quetzalcoatl • Svarog • Talchac – Chac • Yu – Yu le Grand

Amaterasu

■ Mythologie : Divinité shintoïste (Japon)

Amaterasu signifie « Ciel radieux ».

Importante divinité shintoïste, déesse du soleil, dont la famille impériale japonaise affirme tirer ses origines.

Elle naquit de l'œil gauche de son père, Izanagi.

On raconte que, furieuse contre son frère Susanoo, elle s'était cachée dans une caverne et avait plongé le monde dans l'obscurité.

Elle est vénérée à Ise, principal sanctuaire shintoïste du Japon.

Chalchiuhtlicue

■ Mythologie : Déesse précolombienne

Déesse aztèque des rivières, des lacs et de la mer ; principe féminin de la vie. Compagne du dieu Tlaloc, comme lui elle existe déjà dans la civilisation de Teotihuacan.

Kali

■ Mythologie : Déesse issue de l'hindouisme

La Déesse Noire. Dans l'hindouisme, Kali est la Devi, la manifestation terrible du pouvoir destructeur du temps, mais aussi la force vitale de la terre.

Comme grande déesse de la fécondité, elle est en même temps une déesse de la mort.

Elle est appelée Kali lorsqu'elle a deux bras et Bhadrakali lorsqu'elle est représentée avec plusieurs paires de bras.

Nirrti / Nirriti

■ Mythologie : Déesse hindoue

Femme de Vice (Adharma), elle a pour fils la Mort (Mrityu), la Peur (Bhaya) et la Terreur (Mahâbhaya).

Nirriti est une déesse sinistre représentant la misère, la maladie et la mort. Ses attributs sont rouges et lors de ses cérémonies, on porte des vêtements et des ornements noirs.

Déesse primitive, elle apparut avec le battement de la mer, avant la déesse de la fortune. Celle-ci rend visite à Nirriti tous les samedis dans sa demeure : le figuier sacré.

Nirriti utilise le jeu, les femmes, la paresse, la pauvreté et la maladie pour apporter le malheur aux hommes.

Olokum / Olokun

■ Mythologie : Dieu africain (Nigeria)

Olokun est le dieu de l'eau.

Le poisson et le motif de quatre feuilles lui sont associés.

Quetzalcoatl

■ Mythologie : Dieu Aztèque et Maya

Serpent à plume, dieu de la végétation et du vent, c'est aussi un dieu créateur (il crée les hommes et leur donne le maïs et participe à la création des âmes de tous les hommes).

Le serpent avec ses plumes représente l'arc-en-ciel qui unit la terre et le ciel après un orage.

Svarog

■ Mythologie : Dieu Slave

Svarog est le fils du grand dieu Rod.
Il est le père de Svarogich (dieu du feu, patron des forgerons), de Dajbog (le Soleil) et de tous les autres dieux.
Svarog est le grand maître du Ciel.
Au premier temps du monde, Svarog combat le dragon aux multiples têtes Zmeï. Pour le vaincre, Svarog utilise des pinces de forgerons. A la suite du combat, Svarog lance les pinces sur la terre pour enseigner aux hommes le travail du fer.

Telchac / Chac / Tlaloc

■ Mythologie : Dieu Aztèque et Maya

Dieu de la Pluie et de la Végétation, qui préside le Tlalocan, royaume des morts noyés, foudroyés ou victime d'hydropisie.
Il est toujours représenté avec les yeux cernés de serpents (à la manière de lunettes) et la bouche pourvue de crocs.
Cette divinité très ancienne, probablement d'origine olmèque, est connue chez les Mayas sous le nom de Chac. Chez les aztèques, elle devient un dieu très puissant, à qui l'un des temples jumeaux de la cité de Tenochtitlan était consacré.

Yu / Yu le Grand

■ Mythologie : Héros divinisé chinois

Yu le Grand, héros légendaire et roi démiurge de la Chine ancienne qui parvient à enlever les eaux qui avaient envahi la terre.
Yu est le héros de plusieurs aventures mais la principale reste l'évacuation des eaux, travail commencé par son père qui fut châtié pour ne pas l'avoir terminé.

Yu prit sa relève et se fit aider d'une tortue géante qui transportait la terre, d'un dragon qui créa les canaux pour évacuer les eaux vers la mer et de géants qui abattaient les montagnes et rejetaient la terre à la mer. Il lui fallut treize ans pour évacuer toutes les eaux. Puis il parcourra le monde afin de le réaménager. Yu inventa le filet de pêche en observant une toile d'araignée et inventa la cuisson des aliments en constatant les effets des incendies de forêt.
Impressionné par son travail et sa vertu, l'empereur Shun fit de lui son successeur.
Yu le Grand devint alors le premier empereur de la dynastie des Xia et fut divinisé comme dieu gouverneur des eaux.

Zipacna

■ Mythologie : Dieu Maya

Zipacna est le fils aîné de Vukub-Caquix et Chimalmart.
Son frère, Cabraca, est « tremblement de terre ».
Zipacna est « l'entasseur de montagne ».

Principes apparaissant dans plusieurs mythologies

Démons • Dragon • Enfer • Fontaine de jouvence • Oma Desala (mère nature) • Ori – feu • Pierre de sang – Pierre philosophale

Démon

■ Mythologie

Du grec daimôn, qui signifie « génie, divinité ». Puissance terrestre ou céleste, entité que l'on rencontre dans toutes les mythologies antiques ainsi que dans les religions contemporaines.

Par sa force naturelle, le démon est souvent considéré comme dangereux mais il est positif lorsqu'on le maîtrise, le dompte ou l'apprivoise, tel que le Géant vert des traditions celtiques.

Dans l'animisme, le démon est souvent l'esprit ou l'énergie d'un fleuve, d'un arbre, d'un volcan ou d'un phénomène incompréhensible ou non maîtrisable.

Pour la Bible, et notamment le Nouveau Testament, les démons sont les agents du mal, maladies et souffrances ; c'est pourquoi chasser les démons correspond à guérir et apaiser le malheur des hommes. Seule la prière et le pouvoir du Seigneur peuvent triompher de ces entités négatives au service de Satan.

Dragon

■ Légende

Le dragon est une créature légendaire présente dans de nombreuses régions du monde. Il est représenté comme un grand serpent ailé et a la particularité de cracher du feu.

En Europe, le dragon est présent dans la légende arthurienne mais aussi dans l'histoire des Saints où il représente le diable à combattre et vaincre.

Le dragon est très présent dans la tradition galloise dont le dragon rouge est l'emblème.

Le dragon est présent dans de nombreuses légendes françaises. Le dragon de Niort ravageait la région lorsqu'un soldat parvient à le tuer en lui enfonçant son poignard dans la gorge mais fut tué par la morsure du monstre.

Pour Chateaubriand, les insectes que l'on peut observer au microscope sont des dragons qui ont diminué de taille à mesure que les ressources diminuaient en énergie.

A Cracovie (Pologne), un dragon vivait dans une grotte sous le château qui surplombait la Vistule. Chaque jour, il sortait et ravageait la campagne. Le prince eut l'idée de fourrer un agneau avec du soufre et de l'offrir en sacrifie au dragon. Le

dragon sortie de sa grotte et dévora l'agneau. Mais le soufre, se mélangeant avec le feu de sa gorge, donna tellement soif au dragon qu'il but toute la rivière sans jamais l'apaiser. Il but tellement qu'il explosa.
En Orient, il faut manger le cœur ou le foie d'un dragon pour devenir sorcier ou devin.
Le dragon est une créature divine pour les Chinois. Il est le gardien de tous les biens de la terre et vit au sommet de la montagne. Il dispense à son gré la pluie et le tonnerre. Les Chinois regardent le dragon comme le principe de leur bonheur.
En tant qu'espèce disparue, il est fort possible que le dragon représente les dinosaures.

Enfer / Enfers

■ Mythologie monothéiste :

Il s'agit du lieu où l'âme des défunts impurs, infidèles subissent les tourments comme châtiment de leurs mauvaises actions sur Terre.
Pour la religion chrétienne, seules les âmes damnés finissent en enfer, les saints finissent directement au paradis et les pêcheurs doivent accomplir leur peine au purgatoire avant de pouvoir accéder au paradis.
Il s'agit du domaine de Satan, la symbolique du feu y est presque toujours rattachée.

■ Mythologie grecque :

Il s'agit du royaume des morts dont Hadès en est le gardien. Tous les morts y finissent. Charon guide les morts les sur Styx pour accéder aux Enfers qui est gardé par Cerbère (qui empêche les morts de sortir). Trois juges (Minos, Éaque et Rhadamanthe) définissent dans quel lieu le défunt terminera son séjour. Les enfers comportent plusieurs lieux en fonction de la vie qu'ils ont menée sur Terre : le Tartare (où finissent les mauvais qui y subissent leur châtiment éternel) ; les champs d'asphodèles (où finissent la plupart des morts qui réalisent de façon mécanique les tâches qu'ils effectuaient de leur vivant) ; les Champs Élysée (lieu de délice où finissent les âmes méritantes).

■ Mythologie scandinave :

Il n'y a pas d'enfer à proprement parlé en mythologie scandinave. Les âmes des morts finissent dans différents lieux en fonction de leur vie. Les hommes morts

de vieillesse ou de maladie finissent dans le royaume de Hel ; les combattants tombés au combat finissent, pour moitié, dans la Valhalla d'Odin, l'autre moitié va dans la demeure de Freyia.
(le nom de Hel a donné Hell, à savoir enfer en anglais).

■ Mythologie celtique :
Il n'y a pas d'enfer en mythologie celtique. Les héros partent pour l'Autre monde, à l'instar d'Arthur, où règne la paix et l'abondance ; tandis que le reste des mortels est emmené par l'Ankou (personnage de la mort, squelette portant sa faux et remplissant sa charrette grinçante des âmes des trépassés) sur le Grand Océan vers l'ouest du soleil couchant.

■ Mythologie égyptienne :
Il n'y a pas de châtiments d'outre-tombe mais les justes bénéficient d'une vie éternelle semblable à celle qu'ils ont vécue sur terre tandis que les méchants sont voués au néant.

■ Mythologie mésopotamienne :
On y trouve dans les profondeurs de la terre un Kigallou, environné d'une septuple enceinte, où les morts sont plongés dans une obscurité épaisse et n'ont pour nourriture que les offrandes des vivants déposées dans les tombeaux.
Le défunt devient une sorte d'esprit ou de fantôme ; l'esprit-fantôme, surtout après une mort violente, prend quelque fois un aspect malveillant et tourmente les vivants. Seuls les nouveau-nés et ceux qui sont morts avant leur temps jouissent d'une existante agréable dans l'au-delà. Les morts sans sépulture (qui ont péri dans un incendie notamment), ont une existante post-mortem des plus accablantes.

Fontaine de jouvence

■ Mythologie
La Fontaine de jouvence est une fontaine légendaire dont les eaux rendent la jeunesse. On trouve la trace de ce mythe dans plusieurs mythologies sous différentes formes.

■ Mythologie gréco-romaine :

Hébé (Grecque) ou Juventas (Romaine) est la fille de **Zeus** et Héra, sœur d'**Arès**.

Elle donnait l'éternelle jeunesse et l'immortalité aux dieux en leur versant l'Ambroise.

Lorsqu'elle fut donnée à Héraclès (**Hercule**) en mariage, Ganymède la remplaça.

■ Mythologie celtique

Le dieu Dian Cécht est le dieu de la guérison. Il possède une rivière dont les eaux ont la capacité de soigner n'importe quelle blessure, à l'exception de la décapitation.

Sa fille ,Airmid, identifia toutes les plantes médicinales.

■ Alchimie

La pierre philosophale est la fontaine de jouvence des alchimistes. Cette pierre légendaire est capable de transmuter la matière. Elle transforme le plomb en or et permet à l'homme de vivre en dehors des contraintes physique soit en prodiguant l'élixir de longue vie, soit en permettant à l'homme de s'élever vers un autre niveau de conscience.

■ Légende / Histoire

Il existe en France, comme dans d'autres pays, des puits, rivières et fontaines qui ont la réputation de guérir des maladies, permettant ainsi de prolonger la vie.

La légende contemporaine la plus célèbre est celle de Juan Ponce de Léon. Cet explorateur espagnol du XVIème siècle pensait avoir découvert la fontaine de jouvence en Floride. La ville pionnière de Ste Augustine prétend être cette fontaine de jouvence.

On raconte qu'Alexandre le Grand avait entrepris sa conquête du monde dans l'espoir de trouver une rivière qui lui permettrait d'échapper aux ravages du temps.

Oma Desala – Mère Nature

■ Mythologie

Mère ou Dame nature est la personnification de la nature.
En mythologie gréco-romaine, Gaïa en fut un temps la représentation mais cette personnification s'est perdue avec le temps.
La notion de Dame Nature est plus présente de nos jours où l'Homme utilise et abuse de celle-ci sans aucune considération.
La notion d'une mère nature protectrice qui rendrait les bienfaits dont on la gratifie apparait de plus en plus dans notre monde industrialisé.

Ori - Feu

■ Mythologie

En Perse, Hori signifie/symbolise le feu.
La symbolique du feu est présente dans de nombreuses mythologies et religions.
Le feu est à l'origine le symbole du foyer (maison) ainsi que de l'évolution de l'humanité (travail du fer et des armes).
Par la suite, la symbolique du feu est utilisée comme instrument purificateur (on brulait les sorcières) ou de châtiment (damnation éternelle dans les flammes de l'Enfer).

Pierre de sang – Pierre philosophale

■ Mythologie

La pierre philosophale, selon les alchimistes, a le pouvoir de transmuter les métaux vils (dont le plomb) en or.

Certains lui donnent des propriétés de vie éternelle.

Dans tous les cas, elle reste une pierre de grand pouvoir dont nombreux se sont lancés à sa recherche.

HISTOIRE, ARCHITECTURE

Botany Bay • Brutus • Clé de voute • Cléopatre • Dakara • Glastonbury • Julius • Korolev • Lantian • Ma'chello – Machiavel • Nérus – Néron • Stonehenge

Botany Bay

■ Histoire / Géographie :

Il s'agit de l'endroit où les britanniques ont accosté pour la première fois en Australie dont la flore était très abondante.
L'Australie devint la colonie pénitentiaire de l'Angleterre au XVIIIe siècle (déportation des condamnés au bagne).

Brutus

■ Histoire : Lucius Junius Brutus (VIe s. av. J.C.)

Héro semi-légendaire romain.
Il chassa de Rome les Tarquins et fonda la république (509 av. J.C.).

■ Histoire : Marcus Junius Brutus (85 à 42 av. J.C.)

Brutus est le beau-fils de Jules César. Il prit part à la conspiration contre César et la légende veut qu'il le poignarde dans le dos (44 av. J.C.).
Vaincu par Octavien et Antoine en Macédoine, il se suicida.

Clef de voûte

■ Architecture :

Pierre en forme de coin qui, placé au sommet de l'arc ou de la voûte, maintient les autres pierres.
La clef de voûte peut désigner aussi, un homme ou une chose qui permet la maintien, la cohésion de l'ensemble.

Cléopâtre

■ Histoire :

Nom de sept reines d'Egypte, dont la plus connue : Cléopâtre VII
Cléopâtre VII (69 à 30 av. J.C.)
Cléopâtre est célèbre pour sa beauté et son intelligence ainsi que pour ses amours avec les puissants du moment (César puis Antoine) qui lui permirent de sauver son trône.
Antoine, étant été vaincu par Octave à Actium (31 av. J.C.), elle s'enfuit avec lui en Egypte où ils se suicidèrent : elle s'empoisonna (ou se fit mordre volontairement) par un aspic.

Dakara

■ Histoire

Il est probable que le nom de Dakara ait pour origine La Maison des Esclaves qui se situe à proximité de Dakar au Sénégal.

Glastonbury

■ Histoire/Mythologie

C'est dans cette ville que Joseph d'Arimathie aurait rapporté le Saint Graal pour le confier à la garde d'Avalon. C'est à cet endroit qu'il aurait planté son bâton d'où fleurit une aubépine. Il y serait enterré.
En 1190 (environ), on y découvrit les restes d'Arthur et Guenièvre, d'où la possible association entre Glastonbury et Avalon (Glastonbury signifiant « Ville et cimetière de verre »).
L'origine de l'abbaye serait liée à Arthur. En effet, celui-ci adouba le chevalier Yder et l'envoya combattre trois géants malfaisants. Yder réussit mais Arthur, le croyant mort, le laissa sur place où il mourut. Lorsqu'Arthur apprit son erreur, il

établit vingt-quatre moines à Glastonbury et leur demanda de prier en permanence pour l'âme du chevalier.

Julius – Julia

■ Histoire

Nom d'une famille romaine dont appartenait Jules César (Caius Julius Caesar, 101 à 44 av. J.C.).

Cette famille prétendait descendre de Iule, fils d'Énée (donc de Vénus/ Aphrodite).

Korolev

■ Histoire

Sergueï Pavlovitch Korolev (1907 – 1966)

Astronaute russe, pionnier de la conquête spatiale.

Lantian / Latona / Anciens

■ Histoire / Archéologie

L'Homme de Lantian, vieux de 600 000 ans, est actuellement le plus vieil hominidé retrouvé en Chine. Il est de l'espèce Homo erectus.

■ Mythologie Gréco-Romaine

Cf. Latona

Ma'chello – Machiavel

■ Langue

Le nom de Ma'chello semble provenir de machiavélique au sens où ses inventions pour détruire les goa'ulds le sont.
Définition de machiavélique : Qui est digne d'un machiavel, dont l'habilité perfide est celle d'un machiavel.
Définition de machiavel : Personne peu soucieuse de moralité quant aux moyens qu'elle utilise pour atteindre son but, notamment en politique.

Néron – Nérus

■ Histoire

Né en 37, mort en 68.
Fils d'Agrippine la Jeune, il fut adopté par l'empereur Claude lors du mariage de sa mère avec celui-ci. Il devint empereur en 54. Le début de son règne se passa bien puis il fit mettre à mort ceux qui auraient pu contrer son pouvoir (son beau-frère, sa mère, sa femme, pour ne citer qu'eux).
Accusé d'avoir provoqué l'incendie de Rome, il rejette la faute sur les chrétiens qu'il se mit à persécuter.
En 68, les prétoriens déclarent Galba empereur, Néron quitte Rome et sur le point d'être rattraper demande à un de ces fidèles de le tuer.

Stonehenge

■ Histoire / Géographie

Site préhistorique du sud de l'Angleterre, au nord de Salisbury. Son important cromlech est vraisemblablement un ancien sanctuaire dédié à un dieu solaire.

Culture populaire et contemporaine

Alien • Avenger • Batman et Robin • Bones • Braveheart • Catwoman • Clarice Starling • Clarke Arthur C. • Conan • Da Vinci Code • Die Hard • Dr Moreau / L'île du Dr Moreau • Fleming Alexander • Geek • La nuit des temps • La planète des singes • Le magicien d'Oz • les 4 fantastiques • Le Seigneur des Anneaux • MacGyver • Matrix • Mime Marceau • Nancy Drew / Alice Roy • Nerd • Retour vers le futur • Star Trek • Star Wars • Starsky & Hutch • The Simpsons • Word of Warcraft • Wraith • Xena • X-Files

■ Alien

Film de 1979 (qui deviendra par la suite une saga toujours en production à ce jour)

Un groupe d'homme est dans un vaisseau spatial de retour vers la terre. Ils font une halte sur une planète qui semble inhabitée. Un membre de l'équipage se retrouve infecté par une créature inconnue. Après un temps d'incubation, un alien sort du corps de l'hôte en le tuant. Commence alors une course contre la montre pour empêcher la créature de tuer tout le monde et de partir sur Terre.

■ Avenger

Comics (adapté à la télévision et au cinéma)

L'équipe des Avengers (ou les Vengeurs) est constituée de super-héros issus de l'univers des comics Marvel. L'équipe originelle est composée de Captain America, Iron Man, Hulk, la Guêpe, Thor et l'Homme-Fourmi, qui sont rejoints par la suite par différents personnages de l'univers Marvel (Œil-de-Faucon, la Veuve Noire…).

■ Batman et Robin

Personnages de comics (adaptés à la TV et films).

Bruce Wayne est un jeune garçon lorsqu'il assiste au meurtre de ses parents dans une ruelle par un voleur. Seul héritier d'une immense fortune, il consacre le reste de sa vie à combattre le crime dans sa ville de Gotham-City. Son majordome Alfred fait office d'image paternel.

Batman combat plusieurs ennemis récurrents : Joker, Double-Face…

Bruce Wayne recueille un jeune garçon devenu orphelin à la suite de l'assassinat de ses parents et décide, sous le costume de Batman, de l'entrainer et d'en faire son assistant : Robin.

■ Bones

Série TV américaine (2005-2017)

Temperance Brennan (dite Bones) est une anthropologue hautement qualifiée et très intelligente. Elle travaille en collaboration avec l'agent spécial du FBI Seeley Booth, ancien sniper de l'armée qui se méfie de la science et des scientifiques. Ensemble, ils résolvent des crimes que nul autre n'aurait pu.

■ Braveheart

Film américain de Mel Gibson (1995)
Evocation de la vie tumultueuse de William Wallace, héros et symbole de l'indépendance écossaise, qui à la fin du XIIIe siècle affronta les troupes du roi d'Angleterre Edward Ier qui venaient d'envahir son pays.

■ Catwoman

Personnage de comics (adaptés à la TV et films).
Catwoman est une héroïne masquée relative à l'univers de Batman.
Héroïne de sa propre histoire, elle est aussi parfois une ennemie de Batman.
Elle représente la femme fatale, libre et insoumise, entre cambrioleuse et justicière.

■ Clarice Starling

Personnage de fiction créé par Thomas Harris dans le roman Le silence des agneaux (1988) et adapté au cinéma dans la quadrilogie Hannibal Lecter.
Clarice, stagiaire au FBI, se retrouve à devoir interroger puis collaborer avec Hannibal Lecter, tueur psychopathe et cannibale. Fin psychologue, celui-ci se sert de Clarice pour s'échapper, la kidnappe et joue (psychologiquement parlant) avec elle. Il finit par s'enfuir avec elle (ou sans elle dans l'adaptation cinématographique).

■ Clarke Arthur C.

Scientifique et auteur britannique de roman de science-fiction (1917 – 2008)
Pionnier des romans de science-fiction, auteur prolifique, il est notamment connu pour la quadrilogie des Odyssée, et plus particulièrement 2001 : Odyssée de l'espace ; écrit en parallèle de l'adaptation cinématographique par Stanley Kubrick.
Dans 2010 : Odyssée deux, il expose la théorie de création d'un soleil à partir d'une planète ayant un cœur de diamant.

■ Conan

Film américain de 1982 (qui lança la carrière d'Arnold Schwarzenegger) ayant donné suite à deux autres films et deux séries
Conan est un enfant qui assiste au meurtre de ses parents et est réduit en esclavage. Devenu adulte, il est suffisamment puissant pour recouvrir sa liberté en tant que lutteur. Désireux de se venger du meurtre de ses parents, il part à la recherche de celui qui les a tués.

■ Da Vinci Code

Roman de Dan Brown (2003)

Suite au meurtre du conservateur du musée du Louvres, le Professeur Langdon, aidé de la nièce du Conservateur, se retrouve dans une macabre chasse au trésor pour protéger le secret de l'humanité le plus jalousement gardé : et si Le Christ avait eu des enfants ?

■ Die Hard

Films américains de 1988 à 2013 de John McTiernan avec Bruce Willis

(Piège de cristal (1988) ; 58 minutes pour vivre (1990) ; Une journée en enfer (1995) ; Die Hard 4 – Retour en enfer (2007) ; Die Hard : Belle journée pour mourir (2013)).

Le héros de ces films est John McClane, un policier New-Yorkais qui se retrouve à devoir déjouer les plans diaboliques de terroristes ou voleurs, équipé d'un pistolet (dont il ne reste que trois balles), d'un paquet de clope, sans chaussure et d'un side-kick plutôt inutile…

John McClane est l'archétype du héros seul contre tous qui finit toujours pas gagner (et avoir les pieds en sang…).

■ Dr Moreau / L'île du Dr Moreau

Roman de H.G. Wells (1896)

Roman écrit à la première personne qui raconte l'histoire d'un naufragé qui est secouru par un étrange équipage en route vers une île où le Dr Moreau y pratique de bien étranges expériences : la greffe d'organe sur les animaux afin de les rendre humains. L'expérience tourne au cauchemar quand les animaux se retournent contre leur créateur. Le narrateur parvient à s'enfuir sur un radeau et à rejoindre l'Angleterre, non sans avoir été marqué (traumatisé) à vie par son expérience.

■ Fleming Alexander

Médecin, biologiste et microbiologiste anglais. (1881-1955)

Il découvre en 1928 la pénicilline, qui deviendra celle des antibiotiques. Il reçut le prix Nobel de Médecine en 1945.

■ Geek

Mot anglo-américain signifiant fou de

Désigne un fan d'informatique, de jeux vidéo, de science-fiction… toujours à l'affut des nouveautés et des améliorations à apporter aux technologies numériques.

■ La nuit des temps

Roman de René Barjavel (1968).

Un groupe international de scientifiques découvre un signal émanant de sous l'Antarctique. Ils creusent et découvrent une capsule en or, datant de 900 000 ans, contenant deux corps (un homme et une femme) portant un masque en état de cryogénisation. Ils prennent le parti de les réveiller en commençant par celui de la femme (le corps de l'homme ayant subi des brûlures). A son réveil, la femme, Eléa, leur explique, via un appareil qui traduit ses pensées, ce qu'était son monde et comment son peuple, sentant venir la fin, mis au point cette capsule afin d'y préserver deux êtres qui pourront raconter et recréer leur monde. Elle fut choisie, contre son gré, car elle préférait mourir avec l'homme qu'elle aime, Païkan, plutôt que de vivre sans lui. Les scientifiques, grâce à leur connaissance acquise, réveillent l'homme en utilisant du sang provenant d'Eléa. Ne voulant pas vivre sans Païkan, Eléa s'empoisonne en le cachant aux scientifiques. Lors du réveil progressif de l'homme, on découvre qu'il s'agit de Païkan qui tua l'homme qui était censé être dans la capsule pour prendre sa place et rester avec Eléa, celle qu'il aime. Les deux amoureux s'éteignent sans savoir qu'ils étaient si proches l'un de l'autre…

■ La planète des singes

Roman de Pierre Boule (1963) ayant été adapté de nombreuses fois au cinéma. En l'an 2500, trois scientifiques quittent la terre à bord d'un vaisseau spatial direction la supergéante Bételgeuse. En la survolant, ils découvrent des villes, des forêts… s'agirait-il d'une planète jumelle de la Terre ? A une différence près : ici, les singes sont les maîtres et les hommes des êtres sauvages…

■ Le Magicien d'Oz

Roman américain de L. Frank Baum (1900) ; l'adaptation cinématographique de 1939 est l'un des premiers films en couleur (pour le pays d'Oz) et en noir et blanc (Kansas).

Une petite fille, Dorothée, vit au Kansas avec son chien Toto. Un jour, une tornade emporte sa maison et elle atterrit au pays d'Oz, sur la méchante sorcière de l'Est, ce qui la tue. Dorothée prend les souliers d'argent (ou de rubis) de la sorcière. Pour pouvoir rentrer au Kansas, la gentille sorcière du Nord lui conseille de demander au Magicien d'Oz, qui habite dans la cité d'Emeraude, en suivant la route de brique jaune. Lors de son trajet, Dorothée rencontre un épouvantail qui se plaint de ne pas avoir de cerveau, un bucheron en fer blanc sans cœur et un lion sans courage. Le Magicien d'Oz leur dit qu'il peut exaucer leur souhait à condition qu'ils tuent la méchante sorcière de l'Ouest. Dorothée y parvient en lui jetant un seau d'eau, ce qui l'a fait fondre. Le Magicien « donne une cerveau » à l'épouvantail, un « cœur » au bucheron de fer blanc et du « courage » au lion (en réalité, ce sont les épreuves que les amis ont traversé qui leur ont permis d'acquérir ce qu'ils cherchaient). Etant un charlatan, le Magicien ne peut pas renvoyer Dorothée chez elle, il essaye de construire un ballon mais celui-ci s'envole avec le magicien, sans Dorothée. C'est la gentille fée du Sud qui indique à Dorothée qu'elle pouvait rentrer à tout moment chez elle, il lui suffit de claquer trois fois des talons avec les souliers magiques et de faire un vœu.

■ Les 4 fantastiques

Personnages de comics et nom du comics de chez Marvel débuté en 1961 et ayant fait l'objet de plusieurs adaptations (TV et film).
Suite à des radiations cosmiques, Red Richards, Susan Storm, Johnny Storm et Ben Grimm se retrouvent affublés de superpouvoirs qu'ils utilisent pour lutter contre des forces extra-terrestres ou venues d'autres dimensions et qui menacent la Terre.

- Red est Mister Fantastique, il a le pouvoir de modeler son corps (homme-élastique)
- Susan est la Femme Invisible et peut créer un champ de force qui fait office de bouclier ;
- Johnny est la Torche Humaine
- Ben est La Chose, son corps s'est « transformé » en pierre, il possède donc une force herculéenne mais il ne peut pas reprendre l'apparence humaine.

Ce sont des superhéros, mais avant tout une famille (Johnny est le frère de Susan ; Susan est la femme de Red ; Red et Ben sont amis d'enfance).

■ Le Seigneur des Anneaux

Roman de J.R.Tolkien (paru de 1954 à 1955)
L'histoire, composée de trois parties (La Communauté de l'Anneau, Les Deux Tours et Le Retour du Roi) nous raconte la quête du Hobbit Frondon, qui doit conduire l'Anneau de Pouvoir dans les flammes de la Montagne du Destin, au Mordor, pour le détruire. Si Sauron le reprenait, il recouvrirait toute sa puissance, ce qui anéantirait la Terre du Milieu.
Frondon, accompagné de trois amis Hobbits (Sam, Pippin et Merry) est aidé dans sa quête par Gandalf (le Magicien), Légolas (l'Elfe), Gimlin (le Nain), Boromir du Gondor et Aragorn, héritier des trônes d'Arnor.

■ MacGyver

Série américaine (1985 – 1992) et téléfilms.
« Son esprit est l'arme ultime. »

MacGyver (Richard Dean Anderson) est un espion américain dont la particularité est d'arriver à se sortir de toutes les situations équipé de son couteau suisse et de ce qu'il a à sa disposition. Il n'utilise pas d'arme à feu, excepté pour assommer ses adversaires avec la crosse.
Tous les exploits de MacGyver sont fondés sur des principes scientifiques.
Le terme de « macgyverism » est utilisé pour désigner la création d'un objet utile à partir d'objets disparates (souvent usagés).

■ Matrix

Films (trilogie) des sœurs Wachowski de 1999 à 2003
Dans un avenir proche, Néo, un pirate informatique, découvre par Morpheus que la réalité n'est qu'une immense simulation créée par la Matrice, réduisant l'espèce humaine en esclavage (ceux-ci produisant l'énergie dont les machines ont besoin). Pour Morpheus, le doute n'est plus permis, Néo est l'« élu », le libérateur mythique capable de mettre en échec la Matrice et ses agents.
La prophétie est sur le point de se réaliser, la lutte va pouvoir commencer.

■ Mime Marceau

Marcel Mangel, dit Marcel Marceau, Mime français (1923-2007)
Il encense, au travers de son personnage, Bip, les ressources poétiques et expressives de la pantomime.

■ Nancy Drew / Alice Roy

Héroïne d'une série de romans collectifs publiés sous le pseudonyme de Caroline Quine.
Alice est une journalise, détective à ses heures. Aidée de ses amis, Bess Taylor, Marion Webb et Ned Nickerson, elle résout des enquêtes de disparitions, relatif au « surnaturel » et de vols.

■ Nerd

« Sous-catégorie » de geek ; personne qui n'a d'intérêt que pour un sujet, particulièrement les ordinateurs, et connait de nombreuses choses sur le sujet.
Plus récemment, le terme de nerd est utilisé comme synonyme d'ufologue (quelqu'un qui pense qu'il existe une vie extraterrestre en dehors de notre système solaire).

■ Retour vers le futur

Trilogie de film de Robert Zemeckis (1985, 1989, 1990)

Marty McFly est un lycéen des années 80. Son ami, Emmett Brown, un physicien excentrique, va bouleverser sa vie en l'envoyant par erreur en 1955, une époque où il n'était même pas né.
Il va malencontreusement empêcher la rencontre amoureuse de ses parents et va devoir jouer les entremetteurs afin qu'ils se rencontrent et tombent amoureux s'il veut continuer à vivre avant de retourner vers le futur.

■ Star Trek

Séries américaine (1966 – 1969 pour la première) et films
Il s'agit de l'histoire du vaisseau spatial Entreprise, commandé par le capitaine Kirk et son second Spock (originaire de la planète Vulcain) qui ont pour mission d'explorer l'univers et de découvrir de nouveau monde.

■ Star Wars

Saga de trilogie (deux trilogies à la base) qui ont créé un univers étendu immense et dont la troisième trilogie est en cours de production (accompagnée de spin-off).
« Il y a bien longtemps, dans une galaxie lointaine, très lointaine… » Voici l'introduction de la saga Star Wars.
Trilogie racontant la genèse et l'ascension de Dark Vador, un Jedi (chevalier du bien) devenu Sith (combattant du mal) (deuxième trilogie produite) puis la transformation de Luke Skywalker en chevalier Jedi qui réussit à tuer le Sith (première trilogie produite).
La troisième trilogie est actuellement en production et se place chronologiquement à la suite des deux premières.

■ Starsky & Hutch

Série américaine (1975 – 1979) et un film (2004)
Deux policiers (Starsky et Hutch) résolvent leurs enquêtes à bord de leur voiture (une Gran Torino) rouge à deux bandes blanches.
Etant en pleine période disco, les personnages portent le look de l'époque (pantalon patte d'ef' ; chemise col à tarte en satin…).

■ The Simpsons

Série américaine de Matt Groening, toujours en production (depuis 1989), et un film (2007)
La série met en scène la famille Simpson, Homer est le père (américain moyen), Marge (mère au foyer), Bart (élève turbulent), Lisa (élève surdouée) et Maggie (bébé). Il s'agit d'une série satirique sur la société américaine et ses travers.

De nombreux personnages secondaires récurrents sont une représentation d'un archétype, notamment M. Burnes, qui est l'homme le plus riche de la ville et qui possède presque tout (y compris la centrale nucléaire).

■ Word of Warcraft

Word of Warcraft (WoW) est un jeu vidéo en ligne de type MMORPG (jeux de rôle en ligne massivement multi-joueurs). Dans un univers médiéval/fantastique, le joueur doit sélectionner sa race (nain, elfe, humain, orc, troll...) ainsi que sa classe (mage, chasseur...).
Le joueur doit effectuer des quêtes (quotidiennes ou plus globale) pour pouvoir augmenter son niveau de jeu.

■ Wraith (en anglais) : Apparition ou Esprit ou Spectre

Wraith (en anglais) est une apparition ou un spectre dans le folklore celtique (Royaume-Uni).
Ils apparaissent sous différentes formes dans la culture contemporaine :

- Les Ringwraiths (en anglais) sont les Spectres de l'Anneau ou Nazgûl dans le Seigneur des Anneaux de Tolkien. Il s'agit des Neuf Anciens Rois et Seigneurs qui ont été corrompus par les Anneaux de Pouvoirs et sont au service de Sauron. La peur qu'ils inspirent est leur principale arme.
- Wraith essence (en anglais) ou essence d'apparition est un ingrédient de potion dans Charmed.
- Une quête de WoW consiste à collecter des Mana Wraith Essence avec l'épée mangeuse d'âme (Souleater Sword) dans le Netherstorm.

■ Xena

Série américaine (1995 – 2001)
La série raconte les aventures de Xena, la princesse guerrière. A l'origine ennemie d'Hercule, Xena rejoint le côté du bien et cherche la rédemption de ses actes passés. Elle est rejointe dès le début de sa quête par Gabrielle, son amie/amante, dont elle a libéré le village. Ensemble, elles libèrent les peuples opprimés pour leur permettre de vivre en paix.

■ X-Files

Série américaine (1993 – 2002) ayant donné deux films (1998, 2008) et de nouveau en production (depuis 2016).
Fox Mulder et Dana Scully, deux agents du FBI, enquêtent sur les dossiers non-résolus, les « X-Files », qui traitent du paranormal et des extraterrestres.

Carte mondiale

des mythologies

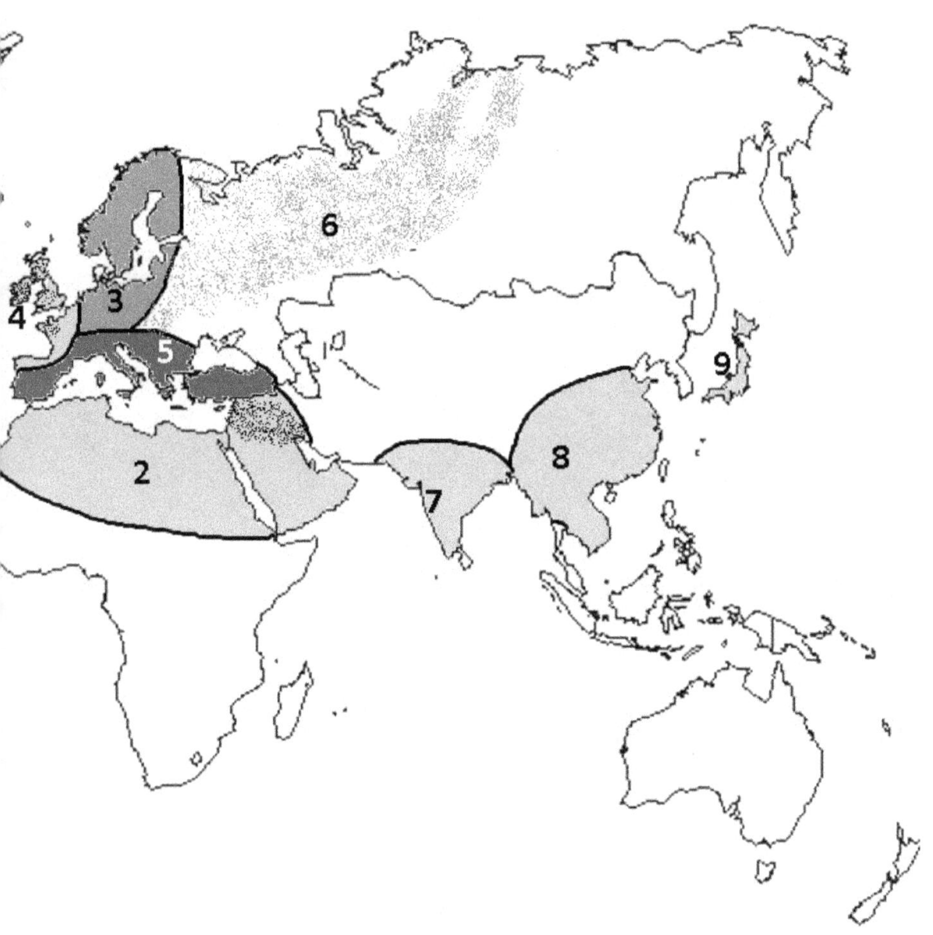

Stargate
Guide chronologique et mythologique

Chronologie et mythologie

Film														
SG-1	S01	S02	S03	S04	S05	S06	S07	S08	S09	S10*				
Atlantis								S01	S02	S03	S04	S05		
SG-U													S01	S02

FILM (et livre original) : Ra (E) ; Abydos (E) ; Anubis (E) ; Horus (E) ; Hathor (E)
SG-1 : Cf. ci-après
ATLANTIS : Atlantis (GR) ; Hermod (S)
UNIVERSE : Icare (GR)

* L'Arche de Vérité et Continuum se placent chronologiquement après la saison dix de SG-1 et avant la fin de la saison trois d'Atlantis.

—

Anciens : Cf. Latona (GR) & Lantian (H)

ABRÉVIATIONS : ***A*** : Arthurienne ; ***AN*** : Autres mythologies ; ***C*** : Celtique ; ***D*** : Principes apparaissant dans plusieurs mythologies ; ***E*** : Egyptienne ; ***G/R*** : Gréco-romaine; ***H*** : Histoire, architecture ; ***JC*** : Judéo-Chrétienne ; ***M*** : Mésopotamienne ; ***S*** : Germano-scandinave

SG-1

SAISON 01

■ 01.01 – 01.02 Enfants des Dieux - Children of the Gods
------------------------------ Apophis (E) ; Amaunet (E)

■ 01.03 L'ennemi intérieur - The Enemy Within

■ 01.04 Émancipation – Emancipation

■ 01.05 La théorie de Broca - The Broca Divide

■ 01.06 Le Premier Commandement - The First Commandment
------------------------------- 1er commandement (JC)

■ 01.07 Double – Cold Lazarus
-------------------------------------- Lazare (JC)

■ 01.08 Les Nox - The Nox
--------------------------------------- Nox (GR)

■ 01.09 Les Désignés - Brief Candle
------------------------------ Pelops (GR) ; Argos (GR)

■ 01.10 Le Marteau de Thor - Thor's Hammer
-----------–Thor (S) ; Asgards (S) ; Valkyries (S) ; Mur de Mjrnard (S)

■ 01.11 Le Supplice de Tantale - The Torment of Tantalus
---------- Tantale (GR) ; Asgards (S) ; Nox (E) ; Héliopolis (E); Anciens[7]

■ 01.12 Retour sur Chulak - Bloodlines

■ 01.13 Le feu et l'Eau - Fire and Water
-------------- Omoroca (M) ; Belus (M) ; Oannes (M) ; Babylon (M)

7– Les Anciens étant cités dans 80% des épisodes de la série, ils n'apparaissent que la première fois dans ce guide ⊠ Anciens : Cf. Latona (GR) & Lantian (H)

■ 01.14 Hathor - Hathor

– (GR) ; Cérès (GR) ; Ishtar (M)

■ 01.15 Cassandra - Singularity

– Nirrti (I) ; Cassandra (GR)

■ 01.16 Le Procès - Cor-ai

■ 01.17 Les Réfugiés - Enigma

■ 01.18 Portés Disparus – Solitudes

■ 01.19 Les Doubles Robotiques - Tin Man

■ 01.20 Une Dimension trop Réelle - There but for the Grace of God

■ 01.21 Décision Politique – Politics

– – – – – – – – –Pandore (GR) ; (Cf. S01-E01 / S01-E02 / S01-E04 / S01-E09)

■ 01.22 Dans le nid du serpent - Within the Serpent's Graps

– Apophis (E)

SAISON 02

■ 02.01 La morsure du serpent - The Serpent's Lair
------------------------------------ APOPHIS (E)

■ 02.02 La tête à l'envers - In the Line of Duty

■ 02.03 Perpétuité – Prisoners
---------------------------------- BOTANY BAY (H)

■ 02.04 Le maître du jeu - The Gamekeeper

■ 02.05 La princesse Shyla - Need

■ 02.06 L'œil de pierre - Thor's Chariot
----------------–THOR (S) ; ODIN (S) ; HORUS (E); RA(E) ; HATHOR (E)

■ 02.07 Message dans une bouteille -Message in a Bottle

■ 02.08 Famille – Family
------------------------------------ APOPHIS (E)

■ 02.09 Secrets - Secrets
--------------- APOPHIS (E) ; AMAUNET (E) ; HARSESIS (E) ; HERU'UR (E)

■ 02.10 Le fléau - Bane

■ 02.11 + 02.12 La Tok'ra – 1re partie + 2e partie - The Tok'ra (part 1) + (part 2)
-- RA (E)

■ 02.13 Les esprits - Spirits

■ 02.14 La clé de voute - TouchStone
---------------------------------- CLÉ DE VOUTE (H)

■ 02.15 La cinquième race - The Fifth Race
------------------------- ASGARDS (S) ; NOX (GR) ; OTHALA (S)

■ 02.16 Une question de temps - A Matter of Time

■ 02.17 Tansferts - Holidays

----------------------------------- Ma'chello (H)

■ 02.18 La colère des Dieux - Serpent's Song

------------------ Apophis (E) ; Sok'ar (E) ; Her'ur (E) ; Amon (E)

■ 02.19 Le faux pas - One False Step

■ 02.20 L'ennemi invisible - Show and Tell

■ 02.21 1969 - 1969

■ 02.22 Après un long sommeil - Out of Mind

---------------------------- Hathor (E) ; (Cf. ep. 01.08 / 02.06 / 02.15 / 01.10 /01.21 / 02.01 / 02.18 / 02.09 / 01.17 / 02.07)

SAISON 03

■ 03.01 Dans l'antre des Goa'ulds - Into the Fire

------------------------------ Hathor (E); Apophis (E)

■ 03.02 Seth – Seth

--------------------------------Seth - Setesh (E); Typhon (GR); Apophis (E) ; Gizeh (E) ; Ra (E) ; Hathor (E) ; Horus (E) ; Stonehege (H)

■ 03.03 Diplomatie - Fair Game

--- Thor (S) ; Asgard (S) ; Hathor (E) ; Cronos (Titan, Zeus, Héra, Poseidon, Hades) (GR) ; Sokar (E) ; Apophis (E) ; Yu (AN) ; Nirrti (I) ; Cassandra (GR)

■ 03.04 Héritage – Legacy

----------------------------------- Ma'chello (H)

■ 03.05 Méthodes d'apprentissage - Learning Curve

-------------- Argos (GR) ; Chalchiutlicue (AN) ; Teotihuacan (AN)

■ 03.06 De l'autre côté du miroir - Point of View

■ 03.07 Le chasseur de prime - Deadman Switch

-------------------------------------- Sokar (E)

■ 03.08 Les démons - Demons

------ Sokar (E)/ Satan (JC) ; Ra (E) ; Apophis (E) ; Hathor (E) ; Dieu (D) ; Démons (JC) ; Archange St Michel (JC) ; David et Goliath (JC)

■ 03.09 Règles de combat - Rules of Engagement

------------------------Apophis (E) ; Sokar (Cf. 02.18) (E)

■ 03.10 Le jour sans fin - Forever in a day

---------------------------- Amaunet (E) ; Harsesis (E)

■ 03.11 Le passé oublié - Past and Present

■ 03.12 Les flammes de l'enfer – 1ère partie - Jolinar's Memories- Part1

------------------ Sokar (E) ; Satan (JC) ; Enfer (D) ; Apophis (E)

■ 03.13 Les flammes de l'enfer – 2ème partie - The Devil you Know- part 2

------------------ Sokar (E) ; Satan (JC) ; Enfer (D) ; Apophis (E)

■ 03.14 Invasions - Foothold

■ 03.15 Simulation – Pretense
– Horu'ur (E) ; Nox (GR) ; Zipacna (AN)

■ 03.16 Un étrange compagnon - Urgo

■ 03.17 La pluie de feu - A hundred days

■ 03.18 Trahisons - Shades of Gray
– Asgard (S)

■ 03.19 Un nouveau monde - New ground
– Nefertum (E)

■ 03.20 Instinct maternel - Maternal Instinct
– Harsesis (E) ; Amaunet (E) ; Apophis (E) ; Sokar (E) ; Oma Desala (Mère Nature) (D)

■ 03.21 Le Crâne de cristal - Crystal Skull
– Quetlzelcoatl (AN)

■ 03.22 Némésis -Nemesis
– Némésis (GR) ; Thor (S) ; Asgards (S) ; Apophis (E) ; Biliskner (S) ; Apophis (E)

SAISON 04

■ 04.01 Victoires illusoires - Small Victories
-- Thor (S)

■ 04.02 L'autre côté - The Other side

■ 04.03 Expérimentation harsardeuse – Upgrades
-------------------------------- Freya (S) ; Apophis (E)

■ 04.04 Destins croisés – Crossroads
------------------ Egéria (E) ; Ra (E) ; Apophis (E) ; Cronos (GR)

■ 04.05 Divisez pour conquérir - Divide and Conquer
-- Cf. 04.03

■ 04.06 L'histoire sans fin - Window of Opportunity

■ 04.07 Eaux troubles - Watergate

■ 04.08 Primitifs - The First Ones
---------------- Cléopâtre (H) ; Clio (Gr) ; Brutus (H) ; Julius (H)

■ 04.09 Terre brulée - Scortched Earth

■ 04.10 Sous la glace - Beneath the Surface

■ 04.11 Point de non-retour - Point of no Return

■ 04.12 Perdus dans l'espace – Tangent
-------------------------------- Heru'ur (E) ; Apophis (E)

■ 04.13 La malédiction - The Curse
---------- Isis (E) ; Osiris (E) ; Ra (E) ; Sokar (E) ; Hathor (E) ; Seth (E)

■ 04.14 Le venin du serpent - The Serpent's Venom
-----------------Apophis (E) ; Horus (E) ; Sokar (E) ; Cronos (Gr)

■ 04.15 Réaction en chaine - Chain Reaction

■ 04.16 2010 - 2010

■ 04.17 Pouvoir absolu - Absolut power

– – – – – – – – – – – – – – –Harsesis (E) ; Amonet (E) ; Apophis (E) ; Abydos (E)

■ 04.18 La lumière - The Light

■ 04.19 Prodige - Prodigy

■ 04.20 Entité - Entity

■ 04.21 Répliques - Double Jeopardy

– Cronos (GR) ; Heru'ur (E)

■ 04.22 Exode – Exodus

– Apophis (E) ; Cronos (GR)

SAISON 05

■ 05.01 Ennemis jurés – Enemies

– Apophis (E) ; Sokar (E)

■ 05.02 Le seuil – Threshold

– Apophis (E) ; Cronos (GR) ; Ra (E)

■ 05.03 Ascension – Ascension

– Ascension (JC)

■ 05.04 Le cinquième homme - The Fifth Man

■ 05.05 Mission soleil rouge - Red sky

– – – Odin (S) ; Freyrl (S) ; Midgard (S) ; Thor (S) ; Asgards (S) ; Ragnarok (S)

■ 05.06 Rite initiatique - Rite of Passage

– Nirrti (I) ; Cassandra (GR) ; Cronos (GR)

■ 05.07 Maîtres et serviteurs - Beast of Burden

■ 05.08 La tombe - The Tomb

– Thor (S) ; Marduk (M) ; Tiamat (M)

■ 05.09 Traquenard - Between Two Fire

– Apophis (E)

■ 05.10 Les faux amis - 2001

■ 05.11 Ultime recours - Desperate Mesures

■ 05.12 Wormhole X-treme - Wormhole X-treme

■ 05.13 L'épreuve du feu - Proving Ground

– Argos (GR)

■ 05.14 48 heures - 48 hours

■ 05.15 Sans issue - 1ère partie - Summit - Part 1

– Anubis (E) ; Yu (AN) ;
Osiris (E) ; Isis (E) ; Cronos (GR) ; Apophis (E) ; Nirrti (I) ; Bastet (E) ; Kali (I) ;

Sobek (E) ; Baal (M) ; Sokar (E) ; Morrigane (E) ; Olokum (AN) ; Yu (AN) ; Zipacna (AN)

■ 05.16 Sans issus – 2ème partie - Last stand – Part 2

– Anubis (E) ; Yu (AN) ; Osiris (E) ; Isis (E) ; Cronos (GR) ; Apophis (E) ; Nirrti (I) ; Bastet (E) ; Kali (I) ; Sobek (E) ; Baal (M) ; Sokar (E) ; Morrigane (E) ; Olokum (AN) ; Yu (AN) ; Zipacna (AN)

■ 05.17 Impact - Fail Safe

– Asgards (S) ; Cassiopée (GR) ; Freyr (S)

■ 05.18 Le guerrier - The Warrior

– Imotep (E) ; Nirrti (I)

■ 05.19 Menaces - Menace

■ 05.20 La sentinelle - The Sentinel

– –Svarog (AN)

■ 05.21 Zénith – Meridian

– Asgard (S)

■ 05.22 Révélations – Revelations

– – – – Thor (S) ; Osiris (E) ; Anubis (E) ; Asgard (S) ; Freyr (S) ; Heimdall (S) ; Yu (AN)

SAISON 06

■ 06.01 - 06.02 Rédemption – 1re partie + 2e partie - Redemption – Part 1 + Part 2

-------- Anubis (E) ; Cronos (GR) ; Apophis (E) ; Asgard (s) ; Abydos (E)

■ 06.03 Réunion - Descent

------------------------ Thor (S) ; Asgard (S) ; Anubis (E)

■ 06.04 Prisonnière des glaces - Frozen

■ 06.05 L'expérience secrète – Nightwalkers

------------------------------------ Apophis (E)

■ 06.06 Abysse – Abyss

-------------------------------- Ba'al (M) ; Yu (AN)

■ 06.07 Résistance - Shadow play

■ 06.08 Acte de bravoure - The Other Guys

------------------------------ Anubis (E) ; Apophis (E)

■ 06.09 L'union fait la force – Allegiance

------------------------ Anubis (E) ; Apophis (E) ; Nirrti (I)

■ 06.10 La reine – The Cure

------------------------- Egérie (GR) ; Ra (E) ; Apophis (E)

■ 06.11 Prométhée – Prometheus

----------------------- Prométhée (GR) ; Thor (S) ; Asgard (S)

■ 06.12 Evolution - Unnatural selection

------------------------------- Asgards (S) ; Thor (S)

■ 06.13 Hallucinations - Sight Unseen

■ 06.14 Ecrans de fumée - Somke and Mirrors

■ 06.15 Paradis perdu - Paradise Lost

------------------------------- Asgard (S) ; Nox (GR)

■ 06.16 Métamorphose – Metamorphosis

- Nirrti (I)

■ 06.17 Secrets d'état – Disclosure

- Thor (S) – Asgard (S) ; (Cf. : 02.07 ; 02.14 ; 02.15 ; 02.16 ; 03.14 ; 03.18 ; 03.22 ; 04.12 ; 04.15 ; 04.22 ; 05.17 ; 05.19 ; 05.20 ; 05.22 ; 06.01 ; 06.02 ; 06.11)

■ 06.18 Les rescapés - Forsaken

■ 06.19 La porte des rêves - The Changeling

- Apophis (E)

■ 06.20 En quête du passé – Memento

- - - - - - - - - - - - - Prométhée (GR) ; Abydos (E) ; Horus (E) ; Salomon (JC)

■ 06.21 La prophétie – Prophecy

- - - - - - - - - - - - - - - - Mot (M) ; Yu (AN) ; Baal (M) ; Nirrti (I) ; Anubis (E)

■ 06.22 Pacte avec le diable - Full Circle

- - - - - - - Anubis (E) ; Abydos (E) ; Ra (E) ; Yu (AN) ; Apophis (E) ; Osiris (E)

SAISON 07

■ 07.01 Retour aux sources – 1ère partie - Fallen – Part 1

----------- Anubis (E) ; Achille (GR) ; Abydos (E) ; Yu (AN) ; Asgard (S)

■ 07.02 Retour aux sources – 2ème partie - Homecoming – Part 2

----------- Anubis (E) ; Achille (GR) ; Abydos (E) ; Yu (AN) ; Asgard (S)

■ 07.03 L'apprenti sorcier - Fragile balance

------------------------------------ Loki (S) ; Thor (S)

■ 07.04 Les esclaves d'Erebus – Orpheus

------------------------ Erebus (GR) ; Orphée (GR) ; Baal (M)

■ 07.05 Le réseau - Revisions

---------------------------- Morrigane (C) ; Mahg Mar (C)

■ 07.06 Vaisseau fantôme - Lifeboat

■ 07.07 Les envahisseurs - Enemy Mine

■ 07.08 La grande épreuve - Space Race

■ 07.09 Le vengeur - Avenger 2.0

--- Ba'al (M)

■ 07.10 Les amazones - Birthright

-------------- Amazones (GR) ; Moloc (M) ; Ishtar (M) ; Apophis (E)

■ 07.11 - 07.12 La fontaine de jouvence – 1ère partie + 2ème partie - Evolution – part 1 + part 2

-- Anubis (E) ; Tilgath (AN) ; Fontaine de jouvence (D) ; Tartare (GR) ; Thot (E)

■ 07.13 Le voyage intérieur – Grace

----------------------------- Prométhée (GR) ; Grace (GR)

■ 07.14 Dangereuse alliance - Fallout

---------------------------------- Anubis (E) ; Baal (M)

■ 07.15 Chimères – Chimera

---------------------------- Osiris (E) ; Anubis (E) ; Gizeh (E)

■ 07.16 La fin de l'union - Death Knell

------ ANUBIS (E) ; OLOKUM (AN) ; TELCHAC (AN) ; HERU'UR (E) ; APOPHIS (E)

■ 07.17 - 07.18 Héros – 1ère partie + 2ème partie - Heroes – part 1+ part 2

■ 07.19 Résurrection – Resurrection

-------------------------------- SEKHMET (E) ; RA (E)

■ 07.20 Lutte de pouvoir – Inauguration

------------------------------------ (CF. 02.15 ; 03.20 ; 04.03 ; 04.15 ; 04.20 ; 05.01 ; 05.21 ; 06.13 ; 06.15 ; 06.17 ; 06.22)

■ 07.21 - 07.22 La cité perdue – 1ère partie + 2ème partie - The Lost City – part 1 + part 2

------------------------- ANUBIS (E) ; THOR (S) ; ASGARD (S)

SAISON 08

■ 08.01 - 08.02 Mésalliance – 1ère partie + 2nde partie - New Order – part 1 + part 2

– Amaterasu (AN) ; Yu (AN) ; Aegir (S) ; Thor (S) ; Camulus (C) ; Ba'al (M) ; Valhalla (S) ; Asgard (S) ; Anubis (E)

■ 08.03 Quarantaine – Lockdown

– Anubis (E)

■ 08.04 Heure H - Zero Hour

– Ba'al (M) ; Camulus (C) ; Anubis (E)

■ 08.05 Le feu aux poudres – Icon

■ 08.06 Avatar - Avatar

■ 08.07 Monde cruel - Affinity

■ 08.08 Aux yeux de tous - Covenant

– Loki (S) ; Thor (s) ; Asgard (S)

■ 08.09 Discordes – Sacrifices

– – – – – – – – – – – – – – – – – – Ishtar (M) ; Moloc (M) ; Apophis (E) ; Baal (M)

■ 08.10 Sans pitié – Endgame

– –Ba'al (M) ; Anubis (E) ; Osiris (E)

■ 08.11 En détresse - Prometheus unbound

– – – – – – – – – – Pégase (GR) ; Atlantide (GR) ; Prométhée (GR) ; Camulus (C)

■ 08.12 Vulnérable - Gemini

■ 08.13 Une vielle connaissance - It's Good to be King

– Arès (GR) ; Baal (M); Bastet (E) ; Olokum (AN); Morrigane (C); Amaterasu (AN); Yu (AN); Janus (GR)

■ 08.14 Alerte maximale - Full Alert

■ 08.15 Rien à perdre - Citizen Joe

– – – – – (Cf. : 01.21 ; 02.01 ; 02.15 ; 02.21 ; 03.17 ; 05.12 ; 05.21 ; 06.06 ;

07.01 ; 07.04 ; 07.11 ; 07.12 ; 07.17 ; 07.18 ; 07.22)

■ 08.16 - 08.17 La dernière chance – 1ère partie + 2nde partie - Reckoning – part 1 + part 2

------------------------------------ Ba'al (M) ; Anubis (E) ; Dakara (H) ; Amaterasu (AN) ; Yu (AN)

■ 08.18 Pour la vie – Threads

-------------- Anubis (E) ; Oma Desala (mère nature) (D) ; Baal (M)

■ 08.19 - 08.20 Retour vers le futur – 1ère partie + 2nde partie - Moebius – part 1 + part 2

------------- Dédale (GR) ; Anubis (E) ; Prométhée (GR) ; Asgard (S) ; Ra (E) ; Gizeh (E) ; Pégase (GR) ; Abydos (E) ; Apophis (E)

SAISON 09

■ 09.01 - 09.02 Le trésor d'Avalon – 1ère partie + 2nde partie - Avalon – part 1 + part 2

---------- Avalon (A) ; Glastonbury (A) ; Dédale (GR) ; Merlin (A) ; Roi Arthur (A) ; Excalibur (A) ; Cronos (GR) ; Atlantide (GR)

■ 09.03 Le livre des origines – Origin

------------------------------------ Horus (E)

■ 09.04 Ce lien qui nous unit - The Ties That Bind

-- Grannus (E) ; Bastet (E) ; Camulus (E) ; Atlantide (GR) ; Pégase (GR)

■ 09.05 Prosélytisme - The Power That Be

------------------------------------ Quetesh (E)

■ 09.06 Le piège - Beach Head

--------------------------- Nérus (H) ; Baal (M) ; Anubis (E)

■ 09.07 Terre d'asile - Ex Deus Machina

------------------------------------ Ba'al (M) ; Yu (AN)

■ 09.08 Pour l'honneur – Babylon

------------------------------------ Babylon (M) ; Iskkur (M)

■ 09.09 Prototype - Prototype

------------------------------------ Nirrti (I) ; Anubis (E)

■ 09.10 - 09.11 Le quatrième chevalier de l'Apocalypse – 1ère partie + 2nde partie - The Fourth Horseman – part 1 + part 2

------------------------------ Chevalier de l'Apocalypse (JC)

■ 09.12 Dommage collatérale - Collateral Damage

-- Asgard (S)

■ 09.13 Effet domino - Ripple Effect

-- Amaterasu (AN) ; Kvasir (S) ; Thor (S) ; Baal (M) ; Heimdall (S)

■ 09.14 Prise de contrôle – Stronghold

– Ba'al (M) ; Apophis (E)

■ 09.15 Ingérence – Ethon

– Prométhée (GR)

■ 09.16 Hors limites - Off the Grid

– Odyssée (GR) ; Néron (H) ; Ba'al (M)

■ 09.17 Le châtiment - The Scourge

■ 09.18 Le manteau d'Arthur - Arthur's Mantle

– Arthur (A) ; Glastonbury (A)

■ 09.19 La grande croisade - Crusade

■ 09.20 La première vague - Camelot

– – – – – – – – – – – – – – Camelot (A) ; Merlin (A) ; Arthur (A) ; Mordred (A) ; Kvasir (S); St-Graal (A); Pierre de sang (D); Korolev (H)

SAISON 10

■ 10.01 L'Oricy - Flesh and Blood

---------------------- Kvasir (S) ; Asgard (S) ; Odyssée (GR)

■ 10.02 Dans les bras de Morphée – Morpheus

--------------------Morphée (GR) ; Morgane (A) ; Gauvain (A)

■ 10.03 Chassé-croisé - The Pegasus Project

------------------------------ Pégase (GR) ; Atlantis (GR) ; Merlin (A) ; Morgane (A) ; Arthur (A) ; Camelot (A)

■ 10.04 La guerre des clones – Insiders

---------------------- Ba'al (M) ; Camulus (C) ; Quetesh (E)

■ 10.05 La créature - Uninvited

■ 10.06 Wormhole X-treme, le film – 200

----------------------------------- Telchac (AN)

■ 10.07 La riposte - Counter-Strike

------------------------------------ Dakara (H)

■ 10.08 Amnésie - Momento Mori

------------------Athéna (GR) ; Baal (M) ; Quetesh (E) ; Cronos (GR) ; Camulus (C) ; Svarog (AN) ; Anubis (E)

■ 10.09 Aux mains des rebelles - Company of Thieves

----------------------------- Dédale (GR) ; Pégase (GR)

■ 10.10 - 10.11 La quête du Graal – 1ère partie + 2nde partie - The Quest – part 1 + part 2

Le Graal (A); Camelot (A) ; Dragon (D) ; Morgane (A) ; Merlin (A) ; Guenièvre (A) ; Galaad (A) ; Perceval (A) ; Mordred (A) ; Atlantis (GR) ; Asgard (S)

■ 10.12 La grande illusion - Line in the Sand

■ 10.13 Dimension parallèle - The Road Not Taken

----------- Atlantis (GR); Pégase (GR); Dédale (GR); Prométhée (GR)

■ 10.14 Question de confiance - The Shroud

-- Merlin (A) ; Baal (M) ; Dédale (GR) ; Pégase (GR) ; Odyssée (GR)

■ 10.15 Morts ou vif - Bounty

■ 10.16 Prise d'otage - Bad Guys

■ 10.17 La loi du talion – Talion

------------------ Loi du Talion (JC) ; Dakara (H) ; Odysée (GR)

■ 10.18 Un air de famille - Family ties

■ 10.19 La symbiose du mal – Domiunion

------------------------------ Baal (M) ; Odysée (GR)

■ 10.20 Le temps d'une vie - Unending

------------------------ Odysée (GR) ; Thor (S) ; Asgards (S)

TÉLÉFILMS

■ L'Arche de Vérité - The Arch of Truth

--------------- Arche d'Alliance (JC) ; Pégase (GR) ; Odysée (GR) ; Merlin (A) ; Morgane (A) ; Atlantis (GR)

■ Continuum – Continuum

-------------------------------------- Ba'al (M) ; Quetesh (E) ; Apophis (E) ; Cronos (GR) ; Ra (E) ; Nirrti (I) ; Yu (AN) ; Achille (GR) ; Alexandrie (E) ; Camulus (C)

Bibliographie

Les Mayas et les Aztèques,Aimi A. & Tunesi R.,éd. Hazan,2009.
La Mésopotamie,Ascalone E.,éd. Hazan,2006.
Petit Dictionnaire des Dieux Egyptiens,Blottière A.,éd. Zulma,2000.
Le Peuple du Soleil,Caso A.,Guy Trédaniel Edition,1994.
Dictionnaire des symboles,Chevalier J. & Gheerbrant A.,éd. Robert Laffont,1982.
Dictionnaire Encyclopédique – Édition 2000 ,Collectif,éd. Hachette,1999.
Le petit Larousse des Mythologies du Monde,Collectif,éd. Larousse,2011.
Encyclopédie de la Mythologie,Collectif,éd. le livre séquoia,1962.
La Légende Arthurienne – le Graal et la Table Ronde,Collectif,éd. Robert Laffont,1989.
Petit Larousse des Symboles,Collectif,éd. Larousse,2006.
L'Atlas des civilisations anciennes,Collectif,éd. Atlas,2003.
Mythes et Dieux de l'Inde,Daniélou A.,éd. Flammarion,1992.
Stargate,Devlin D. & Emmerich R.,éd. J'ai Lu,1995.
Nouveau Dictionnaire de Mythologie Egyptienne ,Franco I.,éd. Pygmalion,1999.
Dictionnaire de la Mythologie,Grand M. & Hazl J.,éd. Texto,2010.
La Mythologie,Hamilton E.,éd. Poche Marabout,1997.
Petit Dictionnaire du Monde Arthurien,Minary R. & Moorman C.,éd. Terre de Brume,1996.
Dictionnaire de Mythologie Celtique,Persigout J.-P.,éd. Imago,2009.
Dictionnaire des Mythologies,Philibert M.,éd. Maxi-poche Références,1998.
Dictionnaire de l'Archéologie,Rachet G.,éd. Robert Laffont,1983.
Mythes Aztèques et Mayas,Taube K.,éd. du Seuil,1995.
Dictionnaire des Religions ,Thibaud R.-J.,éd. Maxi-poche Références,2000.
Dictionnaire de Mythologie et de Symbolique Celte,Thibaud R.-J.,éd. Devry Poche,1995.
Dictionnaire de Mythologie et de Symbolique Nordique et Germanique,Thibaud R.-J.,éd. Devry Poche,2009.
Dictionnaire de Mythologie Arthurienne,Walter P.,éd. Imago,2014.

Filmographie

Stargate La Porte Des Etoiles de R. Emmerich, édition DVD ; 1994-2005.
Stargate SG-1, L'intégrale de la série (les 10 saisons + les 3 long-métrages) ; DVD ; 1997-2007.
Stargate Atlantis, L'intégrale des cinq saisons ; DVD ; 2004-2009.
Stargate Universe, L'intégrale de la série ; DVD ; 2009-2011.

Vous aimez le travail de l'auteur et souhaitez le rencontrer ?
Rendez-vous sur sa page Facebook pour être informé des salons et nouvelles parutions :

C.M.Dutkiewicz

Dépôt légal : décembre 2022

www.ingramcontent.com/pod-product-compliance
Lightning Source LLC
LaVergne TN
LVHW010606160826
845677LV00013B/3271

* 9 7 8 2 4 9 0 9 5 1 1 5 4 *